脳科学による世界一無理のない勉強法

出口汪の「最強！」の記憶術

HIROSHI DEGUCHI 出口汪

水王舎

はじめに

▽記憶の仕方で人生が変わる

記憶の仕方一つで、あなたの人生が変わります。これは決して大げさでも、こけおどしでもありません。

なぜなら、人は生涯にわたって必要な情報を脳で管理し、それを活用して生きているからです。その記憶の仕方が理にかなったものであるなら、脳における情報の処理能力が格段と高いはずです。成功する人は「成功する記憶の仕方」をしているのです。逆に、正しく記憶できない人に成功した例は、ほとんどありません。

▽理にかなった記憶術

私が本書を執筆しようと思った動機は、あまりにも多くの人たちが間違った記憶の仕方にふり回され、その結果、膨大な時間を浪費し、努力に見合った成果を挙げられないでいるからです。

私は三〇年以上、難関大学を目指す受験生を指導してきました。その受験生がどのような記憶の仕方をしているかで、難関大学に合格できるかどうか、怖いほどわかってしまうのです。

現在では、小学生から社会人に至るまで、数多くの人たちを指導しているのですが、やはりほとんどの人たちが間違った記憶術のために苦しんでいます。

あなたは自分の記憶の方法が理にかなったものだと確信を持てますか？

▽脳科学に基づく記憶術

ここで、脳と記憶の仕組みについてお話しをしておきたいと思います。脳にはまだ未知の領域が広がっているのですが、最近の脳科学の発達はめざましく、記憶に関してはかなり解明してきています。

記憶のための一時的な保管場所である「海馬」や、長期保管場所である「側頭葉」、そして記憶の司令塔となる「前頭葉」など、こうした脳の仕組みを知ることで、理にかなった記憶術が初めて可能になるのです。

しかしながら、まだほとんどの人が脳科学の成果を活用しているとは言えません。

そこで、本書では最新の脳科学の成果に基づき、最も科学的効果のある記憶術を提案していきます。

▽最強の記憶術とは?

では、最強の記憶術とは一体どんなものなのでしょうか?

それは論理を駆使することで、記憶の方法を新しい時代に即したものに変換することです。

それはつまり、論理と脳科学とを結びつけて活用する――これこそが新しい時代にふさわしい、最強の記憶術なのです。そのために、本書では、論理の活用の仕方と脳科学に基づく記憶の仕方を、誰にでもわかるように解説していきます。

あとはそれをあなたが実践するかどうかです。

本書には、ハルカという一人の若い女性が登場します。まじめな性格で、子どもの頃からコツコツと勉強をしていたのですが、旧来の詰め込み型学習しか知らないため努力の割にはそれに見合った成果を挙げることができないでいました。彼女は今社会に出て、大きな試練の前に立たされようとしています。目の前の仕事、英語資格試験、新人教育係と課題の山になす術《すべ》もなく途方に暮れています。実はハルカはあなた自身でもあります。

私はハルカやあなたに何とか理にかなった記憶術をマスターしてもらい、それを仕事に活かして、より充実した人生を送ってもらいたいと思っています。

本書をスキルを磨こうとするビジネスパーソンはもとより、資格試験やさまざまな検定試験受験者、さらには、生涯学習を続けようとするすべての人たちに贈ります。もちろん受験生にとっても十分効果があるでしょう。

記憶術を変えることで、人生そのものが変わることを信じながら。

出口 汪

出口汪の「最強！」の記憶術

目次

第3章 二度と忘れないための記憶法

第4章 メタ記憶があなたの頭を変える

第5章 資格試験・受験に強くなる記憶術

ハルカの  自己紹介

初めまして。

私はハルカといいます。アパレル系専門商社勤務の26才のOLです。

会社員生活にもだいぶ慣れ、仕事もそれなりに任されるようになってきました。

ただ……、新人の頃はミスをしても許されていたのですが、最近はみんなの目がだんだん厳しくなってきました。まだこんな事もできないのかって。

悩みはまだまだ尽きません。最近新人の教育係にも任命されてしまったんです。それだけでなく、私のいる部署は、TOEIC®で700点代を取らねばならなくなり、さらに最近では彼氏とも別れてしまい、教育係は不安、英語はまったく、その上結婚は未定、の三重苦といった状態です。

そこで、私が目標にしていた高校時代の同級生に相談したところ、あなたの問題は、出口汪先生が全部解決してくれるよってアドバイスをくれました。

ということで、出口先生、こんな私ですが、どうかよろしくお願いいたします。

第1章

間違いだらけの記憶術

ねえ
今日何の日か
わかる？
私たち…
付き合い始めて
半年になるんだよ
そっか…
俺の記憶では
まだ３ヶ月なんだけど
時間の流れが
乱れてるのかな？

勉強ができるって、どういうこと？

ハルカは子どもの頃から一生懸命努力して、詰め込み学習をしてきました。その結果、あまりいい成果が得られなかっただけでなく、いつの間にか勉強をすることに苦痛を感じるようになっていたのです。

そこで、私（出口）がその勉強法や記憶術のどこが間違いなのかを、説明していきます。ハルカの記憶の仕方は多くの人が陥っているものでもあります。

まずは自分の記憶術がなぜ成果を上げることができないのか、その原因を明確にすることからスタートしましょう。

出口先生、助けてください！

おやおや、いったいどうしたの？

私、もうどうしていいのかわからないんです。仕事もうまくいかない、失恋もしちゃう、二六才にもなって結婚の当てもない。でも、一番の問題はそんなところではないのですが……。

ほう、三重苦なのに、問題はそこではない、と。

あのう……、私三重苦とまでは言ってませんけど。それはともかく、一番の問題は一生懸命努力しているのに成果が上がらないってことなんです。努力は十分してきました。なのに異動した部署では新人の教育係や、TOEIC®で七〇〇点代を取れだの課題がさらに増えて……。正直もう限界です。

うん、よくわからないけどとにかく大変そうだね。

先生、はっきり言ってください！　私は社会人に向いてないのでしょうか？　結局頭が良くないから、努力しても無駄なんでしょうか？　この際結婚もあきらめた方がいいのでしょうか？

ちょっと待って。結婚はともかく、仕事はこれからだよ、何もあきらめることはないよ。

えっ！　それじゃやっぱり結婚は無理なんですか……？　ショック……。

誰もそんなこと言っていないよ。仕事の問題と結婚の問題は一度切り離して考えようってだけだから。

先生。自分で言うのも何ですが、器量は決して悪くないと思うんです。とにかく私が知りたいのは、自分の能力不足をどうやって補えばいいかです。そしたら同級生の舞が、恩師の出口先生なら何でも解決してくれるって。だったら、この際結婚問題もと思って……思わずあせってすみません。

僕は教えることのプロだけど、恋愛のプロではないよ。ところで、ハルカちゃん、子どもの頃からどんな勉強をしてきたんだい。

う～ん。私、考えるのが苦手だから、ともかくひたすらガリガリと暗記してい

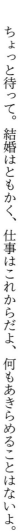

ました。学校の試験は一夜漬けばかり。

小学校のとき、算数の文章問題なんかは？

もちろん、ひたすら暗記です。解法のパターンってヤツをとにかく頭に入れ、計算をがむしゃらにやりました。

そして、勉強が嫌いになった。

そうなんです……。もう教科書や参考書を見るものイヤですね。遊びたいのも我慢してがんばってきたのに、私の青春を返して、って感じです。

なるほど。でも、勉強って本当は面白いものなんだよ。それが苦痛なのはハルカちゃんが正しい勉強の仕方をしていないからなんだ。

えっ！　勉強が面白い？　先生からかわないでください。

そうじゃないよ。勉強ができるってことは、何も能力なんかではない。大事なことは**勉強を楽しめるかどうか**ってことなんだ。ハルカちゃん、嫌いな勉強を一生我慢して続けたい？

そこなんです。私、大学受験が終わったら、もう嫌いな勉強をしなくていいんだと思って、思わず喜んでしまったのですが、社会人になったら、それまで以上に覚えなければならないことや、勉強しなければならないことがいっぱいで。

ところが、小学校から大学受験で暗記した知識は、社会人になって何の役にも立たなかった。

えっ！　その通りです。先生、予言者ですか？　学生時代に得た知識なんか、社会に出たらまったく役に立ちませんでした。恋愛だってしなくちゃいけないのに、もうあの時以上の猛勉強なんて、とてもできません！　絶為イヤですからっ!!

まあまあ、落ち着いて。ハルカちゃんがそれほどまでに必死になって記憶したことは、いつのまにか頭の中からすっかり消えてしまっていたってことだよね。

はい……。先生、あんまりです。私の青春を犠牲にしてまでがんばって記憶したことが、今私の頭の中に何一つ残っていないんですから。こんなことなら、あのとき勉強なんかしないでたくさん恋愛しておけば良かったって、今、すごく後悔しています。恋愛なんかしたことがなかったから、せっかく彼ができたのに、うまくいかなかった……。ううっ、先生～～。ううっ……。もう、イヤ……。

た、大変だったね。でももう泣かなくていいよ。今からでも大丈夫だから。

ごめんなさい。思わず彼にフラれた時のことを思い出しちゃいました。先生、こんな私でもまだ何とかなるでしょうか？

うん、何とかやってみよう。

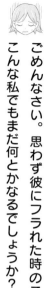

本当ですか！　お願いしますっ！

会社で課題をこなし、成果を上げるなら、記憶術を変えることから始めなければならない。

えっ、記憶術ですか？

そう、記憶術を変えたなら、どんな課題や勉強だって面白くなるよ。それらが面白くなれば、仕事ができると言われるようになる。仕事ができたら、輝いている女性になって、彼もでき結婚もできる……かもね。

では、最強の記憶術を伝授することにしよう。

え!?　それ、とってもいいことですね！　先生、気合いを入れてお願いしますね！

結婚がかかっているせいか、気合いだけはすごいな。

えっ、今何か言いましたか？

あなたは英単語を五〇〇〇語覚えられますか？

では、始めよう。

まずハルカちゃんのこれまでやってきた記憶術を教えてもらおうかな？　というのも、**人はたいてい受験期の勉強で、生涯学習し続けるもの**なんだ。その勉強法が間違っていたなら、生涯間違った勉強の仕方にしがみつくことになる。

それって、こわいですね。　間違った勉強法を続けた損失の生涯にわたる合計って、気が遠くなりそう。

たとえば、予備校なんかで、英語の講師が○○大学を突破するには、英単語を五〇〇〇語覚えなければならない、なんて言ったことを聞いたことはない？

あっ、あります。だから、私、英単語集を買ってきて、ａから始めて、片っ端らから覚えようとしてｄのところで挫折しました。ああ、私にはとても○○大学なんて無理だ、身分不相応なんだって、そのとき確信しました。

うん。それは挫折して当然だよ。さすがに、ｄで挫折は早すぎるけど。

もう！　それでも私、がんばったんですよっ！

ごめんごめん（苦笑）。

僕の友達で英語のカリスマ予備校講師がいたけど、彼は辞書学習と称して、辞書を一冊頭から覚えろと公言していたんだ。そして、ａから順番に覚えていくんだけど、覚えたと思ったらそのページをばりばり食べていた。

えっ!?　ヤギですか、その人。

もちろん、本当に食べたわけじゃない（笑）。単なるパフォーマンスさ。しかし、たとえ二〇〇〇語覚えるとしたって、頭から覚えるのは不可能なんだ。

ああ、なんだ。無理なんですね。安心しました。

ちょっと、実験してみようか。たとえば、今、目の前に一〇人ほど初めて会う人がいるとする。いいかい、この人たちとはもう二度と会うことがないんだ。そして、今、一人ひとりが名前を名乗ったとする。さて、ハルカちゃん、その場で一〇人の名前を覚えることができる？

そ、その場でですか!?

うん、そう。たとえ一〇人の名前であったとしても、僕だってその場で覚える自信はないよ。第一、苦痛だ。たとえ、覚えることができたとしても、一晩たったら忘れてしまっている。一週間後には絶対に忘れている。

なんだ、無理なのは私だけじゃなかったんだ。

もちろんだよ。ハルカちゃんは決して記憶力が悪いわけではない。名前を覚えるとは、その人とその後何らかの関係を結ぶってことなんだ。何度も会えば、覚えようと思わなくても、自然とその人の名前を覚えてしまうよね。

なるほど、だから仲良くしたい人の名前などはすぐに覚えちゃうんですね。

そう。たった一〇人の名前を覚えるのだって苦痛だし、ましてやその記憶を維持するのはもっと大変なんだ。それなのに、英単語五〇〇〇語を頭から覚えるなんて、僕に言わせれば狂気の沙汰なんだ。

でも私、きっとそんな物の覚え方をこれまでしてきたんですね……。

言葉って、使っていないと忘れていくものだよね。たとえ、英単語を五〇〇〇語覚えたところで、この日本ではそれを使う環境なんてめったにないよ。だから、覚えることも不可能に近いし、覚えたところでどんどん忘れていってしまう。

はい……。まったくその通りだと思います。

ハルカちゃんは小学生の頃算数の解法パターンを丸暗記したって言ってたけど、それって、今でも覚えている？

自信を持って言えますが、全部忘れてますね。

そうだろうね。**詰め込み学習なんて、まったく意味がない**んだ。第一、今の時代はそんな細かい知識なんて無理に覚えなくても、スマートフォンなんかで検索すればいいしね。

あっ、確かそうですね！

英単語五〇〇〇語も、算数の解法パターンも、いくら記憶したところで、実社会では何の役にも立たない。しかも覚えるのに苦労するだけでなく、その記憶を維持するだけでも至難の業《わざ》だ。

先生、私、考え方を変えます。生き方も変えます。先生にどこまでもついていきます！

何もそこまで言わなくてもいいよ（笑）。

ところで、どうやって記憶すればいいんですか？

記憶しようと思わないことだよ。第一、記憶しなければ忘れることもない。

えっ!?（本当にこの人を信じていいのかしら、とっても不安なんだけど……）

人間は忘れる動物である

ハルカちゃん、人間って忘れる動物だよね？

そりゃ、そうですけど。先生、私は今日、記憶術を教えてもらいに来たんです。ちゃんと、まじめに教えてくださいよ。

でも、覚えなければ、忘れなくてすむよ。

先生、私は記憶力をアップして、仕事ができる輝く女性になって、素敵な人と結婚したいのです！

それはとにかくよくわかったけど、僕が言いたいのは今の時代、記憶はコンピュータの仕事であって、人間の仕事ではないってことだよ。だから、どうでもいいことは覚える必要がない。必要なときに、検索すればいいんだから。

う～ん。

記憶も計算もコンピュータに任せて、人間は本当に必要な最小限の知識だけをしっかりと理解する。それで十分なんだ。細かい知識を記憶したところで、それを維持するなんて不可能なんだから。英単語五〇〇〇個を記憶して、それを忘れないようにするくらいなら、別のことに頭を使った方が効果的だろ?

そうかもしれないけど、何だか、先生にうまく丸め込まれているような気がするなぁ。

大事なポイントは、**本当に必要なことだけを記憶しなさい**ってこと。もっと言うなら、本当に必要なことは、何も記憶しようとしなくても、自然と覚えてしまう。だから、記憶なんてする必要がないってことだよ。後は、スマートフォンでも使って調べればいい。

先生、だったらこの講義自体必要ありませんよね。

いや、ちょっと待って。いきなり話を終わらせないでほしいな。これから大切な話を順次していくから。

ぜひともお願いします。

物事には順番があるんだ。まずは、記憶を維持することは大変だから、無駄なことは覚えない、覚えるならば、最後まで責任を持つべきだということ。

確かに冷静に考えてみると、私、物覚えが弱いって嘆いていたけど、本当に覚えなくてはならないことって、それほどないのかもしれない。どうでもいい知識だけを、必死になって記憶しなくちゃって焦っていたのかも。

そうだね、一度、発想を変えてみることも必要だね。

先生、わかりました。私、明日から無理に覚えようと思いません。何もかも右から左へと流そうと思います。そう考えたら、気が楽になりました。

いや、それはまずいよ。やっぱり大切なことは覚えなければならない。しかも、それは使いこなせるようになるくらい、徹底的に自分のものにしなければならない。**中途半端は記憶にとってほとんど意味がない**んだ。

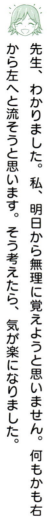

う～ん、つまり覚えるものは徹底的に覚える、覚えないものは最初から覚えないってことかな……。

そうその通り。ハルカちゃんもやっと理解してくれたようだから、次のステップに移ろう。今度は、「忘れる」ということについてだ。

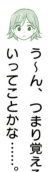

えっ!?　先生、いったいいつになったら、記憶の仕方を教えてくれるんですか？私の結婚のこと、本当に心配してるんですか!?　ちょっと先生！

本当に気合いだけはすごいね……。

第1章の  ポイント

- 大切なことは成績を上げることよりも、勉強を楽しめる能力を身につけること。そのためには、正しい記憶術を身につけること。
- 記憶の維持は大変なので、細かな知識の詰め込み学習をしてもあまり意味がない。
- 単なる丸暗記では、実社会ではまったく通用しない。
- 何でも覚えようとするのではなく、本当に必要なことだけを記憶すること。

第2章

なぜあなたは忘れてしまうのか？

どう？あなたがくれたイヤリング似合ってるかな？
うんよく似合ってるよ
僕はあげてないけどね

人間の脳は忘れるようにできている

本来人間は忘れる動物です。忘れることにおいて、個人差などはありません。そこでまず、本章では最新の脳科学に基づき、脳の仕組みをわかりやすく説明します。海馬、前頭葉、側頭葉の働きを理解し、「エビングハウスの忘却曲線」により、人間の忘れるメカニズムを明らかにすることで、最も効率のいい記憶脳をつくっていくわけです。

これにより、無味乾燥で、苦痛を強いられたこれまでの記憶術から脱却し、勉強本来の面白さを取り戻していきます

ハルカちゃん、一度覚えたら、忘れない、そんな脳、持ちたいと思ってる？

もちろんです！　もし、そうなら苦労しなくても、私の脳には次々と膨大な情報が蓄積されていくんですよね。ひょっとしてテレビ出演もありかな。

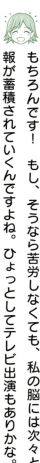

本当にそうかな？　本当にそんな脳ってあったらいいと思う？

う～ん、だって、ずっと覚えていられたら便利だと思うし……。

それじゃ今ここで、43×4を暗算でやってごらん。

あれ？　先生、私の計算力、試しているんですか？　もちろん、これくらいの計算なら任せておいてください。3×4＝12　1繰り上がって……。

ストップ。ハルカちゃん、今1繰り上がっての1、記憶したね。

はい、記憶しました。次に、4×4＝16　それに繰り上がった1を足して……。

ストップ。今、16、記憶したね。

ええ？　私、何か変なことしました？

今、ハルカちゃんがいったん記憶した、1と16という数字を一生忘れないとしたなら、ハルカちゃんの脳はどうなると思う？

あっ！ どうしよう。私の脳の中、意味のない数字で溢《あふ》れかえっちゃいます。

おや、さっきいったん覚えたことは忘れなければいいのにって言ってたのは、どこの誰だい？

先生は意地悪ですね！ もう。

まあまあ、でも、人間の脳って、素晴らしいと思わない？ もし、一度覚えたことを忘れることができないなら、無意味な情報が溢《あふ》れ返って、きっと発狂してしまうだろうしね。

確かによく考えたらその通りですね。それに、イヤなことでも忘れられなかったら辛いです。時が立てば忘れるって大切なことなんですね。

そうなんだよ。ハルカちゃんの失恋の痛みだって、今ではすっかり忘れてしまっただろ？

そんな簡単に忘れませんから！　先生は本当に意地悪ですね！　もう。

あはは、ごめんごめん。

散らかった机の上より、整理整頓！

それじゃハルカちゃん、想像してごらん。今、引き出しの中から、大切なものを一つだけ取り出さなければならないとしよう。

小さなピアスでもいいよ。それに出かけなければならないから、時間がなくて焦っているとしよう。

たくさんのガラクタがぎっしりと詰まった引き出しと、二、三の物しか入っていない引き出しと、どちらの方が探し物を見つけ出しやすい？

もちろん、少ないものから探し出す方です。とくにアクセサリーは失くしやすいから気をつけているんですけど、数が増えてくると大変です。

では、机の上に積んである書類から、大切な書類を一枚探し出すとしよう。ごちゃごちゃと山積みになった書類の山から探すのと、カテゴリー別にきれいに整理された書類から探すのとは？

整理整頓が大切って話ですか？　そんなの当たり前です。でもこれって……。

そうだね。当たり前だ。少ないもので、しかも、整理されたものから必要なものを取り出すのは簡単だよね。

あっ！　分かった。先生は記憶の話をしていたんですね。つまり、最初の例は余分な知識をたくさん記憶していると、必要なときに必要な知識を取り出すの

にかなり時間がかかってしまうということ。
後半は、ただ漠然と記憶したものよりも、整理して記憶したものの方が、実際にそれを使いこなすことができるということ。そうじゃないですか？

正解！　大したものだ。

ありがとうございます！　でも、そういうたとえ話をしてもらうと、先生の言ってることが信用できる気がします。

どうやら僕はかなり信用されていないようだから、次は科学的な話をしてみようか。脳科学の話だよ。

もっと具体的な話が聞けるんですね。

海馬は脳の記憶の門番

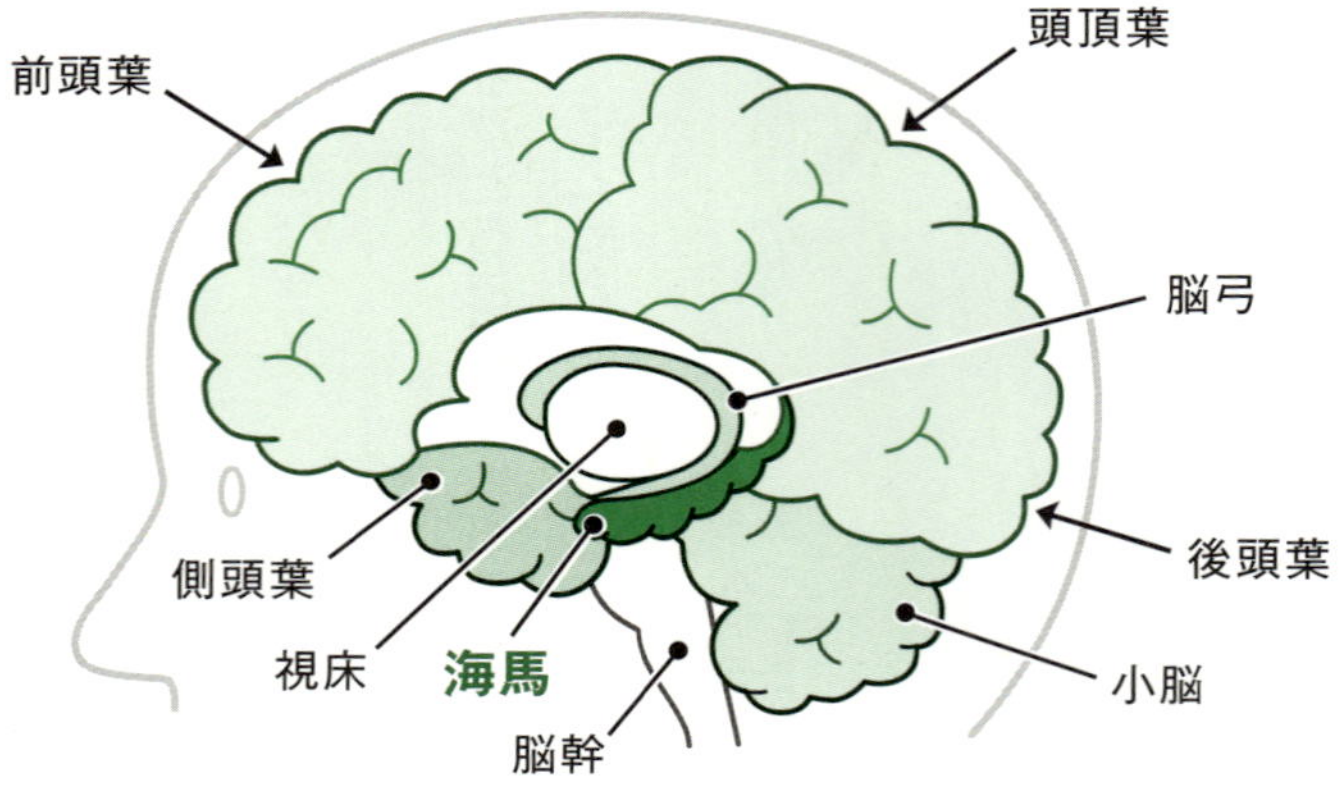

海馬は脳の番人

では、少し脳と記憶についての話をしよう。ハルカちゃん、人間はどうやって物事を記憶するか知ってる?

もちろん、脳で記憶するのでしょ?

うん。でも「脳」とひとくくりにいっても、実はいろいろな部分から構成されている。ちなみに記憶を司る脳の器官は三つ。**「前頭葉」**、**「側頭葉」**、それから**「海馬」**。

ちょっと脳科学らしくなりましたね。海馬は記憶するための器官と、どこ

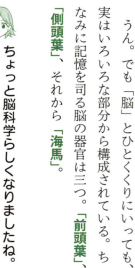

かで聞いたことがあるけど、海の馬って、変な名前ですよね。

よく知っているね。近年の脳科学などの発達によって、この海馬が記憶に関して重要な役割を果たしていることがわかってきたんだ。**海馬は見たり聞いたりして得た情報を最初に処理する場所、言ってみれば脳の番人みたいなもの**だね。

番人ですか？　海馬ですべての物事を記憶しているわけではないんですね。

そうだね。海馬はあくまでも一時的な記憶のための保存場所で、**長期的な保存場所は側頭葉になる。**

たとえば、さっきハルカちゃんが暗算したとき、いったん繰り上がった数字を記憶したよね。その保存場所が海馬なんだ。

長期保存は側頭葉

ところで先生、忘れたくない情報は保存場所が違うんですか？

さっきも言った通り、長期の保存場所は側頭葉なんだ。だから、大切な情報は海馬から側頭葉に保管場所を移さなければならない。

ふ~ん、ってことは、側頭葉に、これ大切だから取りに来てって言うのかしら？

そうだね。たとえば、ある単語を見たとき、海馬はその言葉を「知っているか、いないか」、「覚えているか、いないか」と判断する。

それってどうやって判断するんですか？

実は、三番目の登場人物が前頭葉なんだ。**前頭葉は記憶の司令塔のようなもの**で、長期保存をするかどうかを決定する役目を担っている。

まず、海馬が前頭葉にすでに知っているかどうかを問い合わせる。すると、前頭葉が記憶の保存場所である側頭葉を調べる。そして、その単語が側頭葉に保存されておらず、保存が必要なものであると判断した場合は、側頭葉にとりあえず記憶するように指示を出す。

へえ～、前頭葉ってえらいんだ。でもこれでよくわかりました。番人である海馬は、司令塔である前頭葉に問い合わせているあいだの一時預かり場所ってことが。

そう。あくまでも、一時預かりなので、海馬の記憶はすぐに消えてしまう。私たちが毎日目にしたり、耳にしたりしている膨大な情報の多くは、海馬に一時的に保存されるだけですぐに消去されてしまって、側頭葉には保存されないんだよ。

要するに情報は「忘れっぽい海馬」と、「忘れにくい側頭葉」との二重構造で記憶を保存することにより成り立っているんだ。

先生、それってパソコンでいうところの、メモリー（海馬）と、ハードディス

ク（側頭葉）みたいなものですね。

それはいいたとえだね。ただし、海馬はメモリーに比べて保存量が極端に少ないかもしれないね。だから、すぐに記憶が消えてしまうんだ。**とにかく、ここで大切なことはいかに側頭葉に記憶させるか、そして、次にその記憶をいかに定着させるか、なんだ。**

わあ、その方法を早く知りたいです！

それは後でゆっくりと説明するよ。脳は一度、側頭葉に保存したものでも、そのままにしておくと、消えてしまうから、たえずバックアップが不可欠なんだ。

覚える方法だけでなく、忘れない方法もあるなんて！　早く教えてください！

相変わらずすごい意気ごみだね……。

もし、忘れることができなかったなら

「忘れっぽい海馬」と「忘れにくい側頭葉」……。そして、「記憶を司る前頭葉」。記憶についてはこの三つの登場人物を頭に置くこと。

でも、すべての情報が最初から側頭葉で保存できれば、私もこんなに苦労していないですよね？

ただ **"人は忘れるから生きていける"** ということもあるんだよ。

私たちは毎日、いろいろなものを見て、聞いて、読んで、膨大な量の情報に接している。ハルカちゃんが通勤のときに見た風景やすれ違った人、聞こえてきた音、それらはすべて情報として、脳に伝えられる。だから、ふと、「そういえば、今朝、電車の窓から見えた空がきれいだったな」と、思い出すことがあるんだ。でも、もし、そういうすべての情報が側頭葉で記憶されて、忘れないとしたら、大変なことになってしまう。

忘れたいことも覚えているって、それもイヤだな。上司に怒られたときのことや、別れた彼とのことも忘れることができないなんて……。

そう。人には覚えていたくないこともあるからね。なんでもずっと覚えているとしたら、それは苦痛でしかない。それに、人間の脳というのは、まだその仕組みや働きがすべて解明されてはいないんだ。脳が無限に情報を記憶、蓄積できるのかという疑問もある。

う～ん、仮に脳の保存容量が無限大で、インプットされた情報をすべて記憶して大丈夫だとしても、その膨大な情報の中から、そのときどきに必要なものをパッと見つけて取り出すなんて想像しただけでも頭が痛くなりそな作業ですよね。

うん。仕事でも、膨大な資料の中から必要なものを探すだけで何時間もかかるし、パソコンでも余計なものを入れていると処理の速度が遅くなるよね。

それに、もし、すべての情報が記憶されてしまうとしたら、毎年頭の中には膨大な情報量が増えていくことになる。子どものうちはいいかもしれないけれど、歳をとったら、いったいどうなるのか。今まで見たこと、聞いたこと、経験したことすべてを覚えていたらと想像すると、ゾッとしないかい。

私ならおかしくなってしまいます。きっと脳は自分を守るために、忘れるようにできているのね。

そうだね。**忘れてしまうから、人間は生きていけるし、元気でいられる**のかもしれない。

先生、脳の仕組みはよくわかりました。そろそろ側頭葉に長期保存する方法を教えてください。忘れる話はもう十分です。

わかった。でもね、ハルカちゃん。記憶術をマスターするには、**まず人の脳が忘れるようにできているという前提を理解する**のが大切だったんだ。

だから、もう少しだけ、忘却についての科学的な話をしよう。

忘却のメカニズム

ところで、ハルカちゃん、忘れることに個人差ってあると思う？

あるんじゃないのかなあ？　だって、頭の良し悪しってあるんだし。

実は、「忘れること」に個人差はないんだ。

テレビなんかで天才少年が登場して、その場でものすごい情報を暗記してしまう場面を見たことがあるだろうけど、きっと収録後はすべてきれいに忘れているはずだよ。そのような覚え方をしているにすぎない。

そうか。忘れやすいのは、私だけではなかったってことですね。

たしかに、**物覚えがいい人と、そうでない人とはいるけど、忘れることに関しては誰もが同じ**なんだ。何度もいうように脳は忘れるようにできているのだから。

どんな頭のいい人だって、人間である限り必ず忘れる。

一つ、脳科学の世界では定説となった実験データを紹介しよう。

これは一九世紀から二〇世紀はじめのドイツの心理学者、ヘルマン・エビングハウスが行った実験なんだ。彼は無意味な音節を記憶して、時間の経過によってどれだけ忘れてしまうかという研究をした。

一〇〇年以上も前にそんな実験をした人がいたんですか？

それだけ昔から、記憶することに、みんなが悩んでいたということだよ。

彼の研究結果をグラフとして表したものを、**「エビングハウスの忘却曲線」**というんだ。

横軸が時間の経過、縦軸が記憶残量を示しているが、このグラフを見て、何か気づくことはあるかな？

あっ、一時間で半分以上は忘れてしまっている！　ただ、一日後から一カ月後までは、あまり変わらない。

エビングハウスの忘却曲線

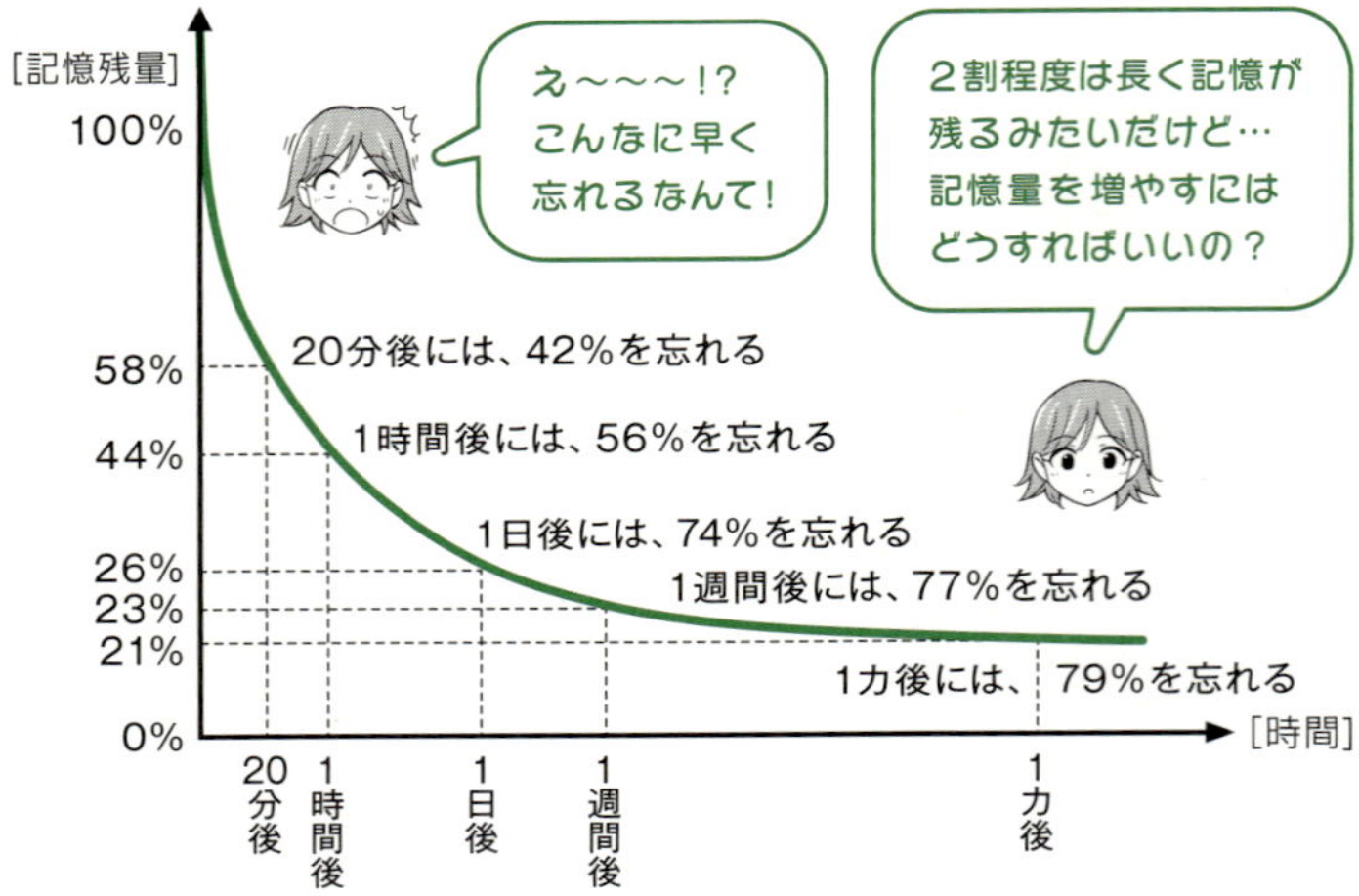

エビングハウスの実験によれば、**覚えたことを一時間で五六パーセント、一日で七四パーセントも忘却する**ことになる。

たった一日で覚えたことの四分の三は忘れてしまうなんて……。かなりショックです。

このグラフは、記憶がどのくらい保存されるのか、記憶を定着させるにはどうすればいいかを考えるときによく使われる。そして、この「エビングハウスの忘却曲線」からわかることは、**人間は一度覚えただけでは、忘れてしまう確率が非常に高い、ということ**だ。

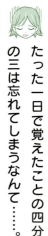

それは本当によくわかりました。

ということは、これまでの記憶術、勉強法の欠点が、この「エビングハウスの忘却曲線」で明らかになるとは思わないかな？

私が受験生の頃の話だが、一日一〇個の英単語を覚えていけば、一年三六五日で三六五〇個の単語が覚えられるという人がいた。たしかに一日一〇個ならば、それほど苦労しなくても覚えられる気がしてくるよね。けれど、この「エビングハウスの忘却曲線」を見れば、そんな単純な積み重ねでものを覚えられるわけはないことが明らかだよね。

ホント。そんな簡単にマスターできるのなら、世の中の人は苦労していないし、記憶術の本も多く出版されていませんしね。

うん。英単語をａから順番に覚えていったところで、記憶量が増えるに従って、それを維持するのが困難になってくる。一日一〇個覚えても、あるときはその代わり一日二〇個忘れているかもしれない。

つまり一日一〇個で一年三六五〇個覚えられるなんて、忘れるということをまったく計算に入れていない、あり得ない計算なんだ。

その計算はかなり危ないってことですね。一見論理的に思えるから、私もだまされないようにします。

そうだね。記憶するときは、最初から忘れることを計算に入れなければならない。

繰り返すことで記憶は一〇〇パーセントに近づく

先生、どうしよう。せっかく覚えても、一日で七四パーセントも忘れるなんて。この瞬間もどんどん忘れてしまっているんだわ。「時間よ、止まれ！」なんてわけにもいきませんよね。先生、こんな時にいい方法はないんですか？

うん。でも、忘れたのであれば、もう一度繰り返せばいいだけじゃないかな。

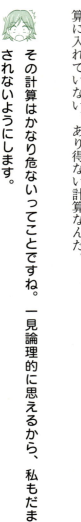

ええっ！　先生、同じことを二度繰り返すならば、別のものを二倍覚えた方がよくないですか？

ハルカちゃん、エビングハウスの忘却曲線をよく見てごらん。一時間で五六パーセントも忘却するのなら、まだ忘れないうちにもう一度繰り返せばいいと思わない？

あっ、なるほどね〜！　たとえば、英単語を覚えたなら、三〇分後にまた繰り返して覚えればいいってわけですよね。

そうなんだ。**どうせ忘れるのだから、完全に覚えようとするよりも、時間をおかずに反復するんだよ。**同じことを二度繰り返したなら、二倍の労力がかかるように思えるけど、実はそうではないんだよ。次のグラフを見てごらん。

これはエビングハウスの忘却曲線ではないが、ある意味ではもっと記憶について役に立つグラフだよ。

仮に、今英単語を一〇〇個覚えたとしよう。縦軸が記憶量、横軸が時間。今、一〇〇個覚えたのだから、横軸の時間〇の時の記憶量は一〇〇だね。

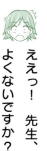

脳生理曲線

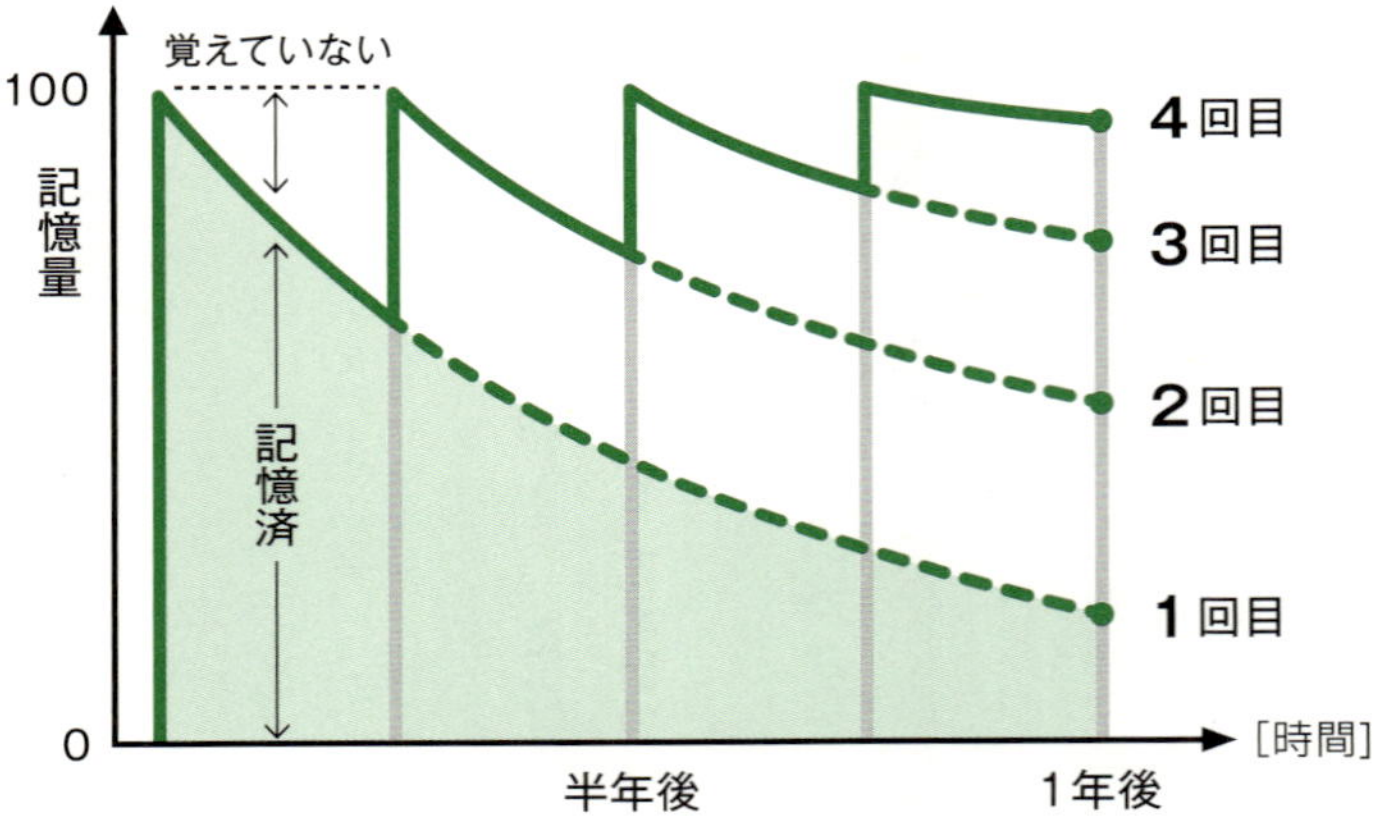

では、一年後、この記憶量はどうなっているのか?

きゃあ、二〇パーセントしかない!

もちろん、二〇パーセントは大まかな予想で、一年間でだいたいこれくらいしか記憶を維持できないというデータにすぎない。

なぜ、大まかな予想かというと、個人差もあるし、覚えやすいものと覚えにくいもの、覚え方、好きか嫌いかなど、記憶にはさまざまな要素が絡んでくるから、一つの例にすぎないと考えて欲しい。

エビングハウスの忘却曲線はじつは無意味な音節を記憶した実験なんだ。だから、割と正確なデータを出せたのだけど、現実には無意味なものを記憶する機会なんてほとんどない。

だから、僕が紹介したデータの方が大ざっぱかもしれないが、実際には役に立つと考えていい。

ハルカちゃん、ここの数字は参考程度にして、どのように忘却していくのか、その辺りを理解してくれたら十分だよ。

そうね。何を覚えるかによって、忘却の仕方は全部違いますしね。むずかしくて書けそうもない漢字はすぐに忘れてしまうけれど、興味のあることだったら、いつまでも覚えてます。

このグラフは二回繰り返すと、一年後の記憶量がどうなったかを示すものなんだ。

まだ八〇パーセント記憶している段階で、二回目を繰り返すとしよう。この段階では、八〇パーセント覚えているのだから、記憶し直すのはたったの二〇パーセント、しかも、その二〇パーセントだって、一度覚えたものだから、ちょっと見直せばすぐに思い出すはずだ。

たしか、英語の読解の教科書や、日本史の教科書にしても、初めて学習する時は大変だったけど、一度やったものをやり直すのって、けっこう楽だった記憶があります。

うん。実際、**二回目は倍の労力が必要なわけではなく、このグラフからも見ても、一回目の一〇パーセント以下の労力が必要であるに過ぎない**。でも、二年後の知識の量をグラフから読み取ってごらん。

あっ、これはすごい！　二倍になっている。

その通り。**二回目は一回目の一〇パーセント以下の労力で、一年後の記憶量が二〇パーセントから四〇パーセントへと倍増していることが分かる。**

それに対して、一回の学習で、二倍の量を記憶しようとしたなら。

はい。私でも、想像がつきます。初めてのものは覚えるのが大変。それに、繰り返さなかったなら、一年後にはほとんど忘れているってわけですよね。しかも、

量が倍になれば、もっと忘れてしまう。先生、脳科学って、本当に使えますね！

その通りだね。

たとえば、一年後に試験を受けるとしよう。大学受験でも、資格試験でも、検定試験でもいい。その場合、記憶を一年間維持しなければならない。そのためには、何回も反復しなければならないんだ。

先生、いったい何回くらい繰り返せばいいのですか？

グラフを見てごらん。（50ページの図を参照）

二回目は一時間以内に繰り返し、さらに次の日にはもう一回繰り返す。

一日経てば七四パーセント忘れますしね。

うん、結局それは一回も繰り返さなかった時の話し。一度繰り返せば、グラフはずいぶん変化しただろ？

はい。忘却曲線が緩やかになりました。

そこで、次の日にまた繰り返せば、ほら、一年後の記憶量がまた倍増した。だいたい、四、五回程度繰り返せば、一年間ならば記憶を維持することが可能じゃないかな。

四、五回かあ。私、今まで一回学習して、それで記憶したつもりになっていたので、どんなに勉強しても効果がなかったんだ！

結局、**問題はハルカちゃんの頭が悪かったからじゃないんだよ**。それに、知識が曖昧《あいまい》だと、それを使ってものを考えることだってできなくなる。その知識も時間とともにどんどん忘れていっているわけだし、それに気づかず、いつまでも記憶しているつもりになっているんだからね。

ううっ、これまでなんてもったいない学習の方法をしてたんだろう。ああ、も

う一度学生からやり直したい！

大丈夫だよ。これから十分取り戻せるさ。

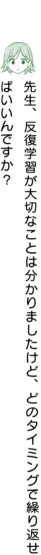

反復のタイミングを見極める

ここで大切なことは、**覚えるならば、責任を持って四、五回は繰り返し、記憶を維持させること**。逆に、**細かい知識はどうせ忘れてしまうのだから、最初から覚えようとしないこと**。これからの時代は、知らなくても検索すればたいていはわかってしまうしね。

先生、反復学習が大切なことは分かりましたけど、どのタイミングで繰り返せばいいんですか？

おっ、いい質問だ。どうせ繰り返さなければならないのなら、、最も効率よく、記憶を定着させた方がいいよね。

はい。エビングハウスの忘却曲線から、先生だったら、いいやり方を教えてくださると思ったんです。

もちろんだよ。では、二回目はどのタイミングで繰り返せばいいのか。

すぐに繰り返すっていうのはどうですか？

うん。その場合情報は一時保存場所である海馬にまだ残っているから、側頭葉にその情報があるかどうかを前頭葉に確認をしないで「それ知っている」と判断してしまうんだ。

そうか！　確かに海馬に情報が残っているので、反復する意味はないですしね。それなら、逆に、ずいぶん時間が経ってから復習したらどうなんでしょう？

その場合、一度目の学習で、情報はすでに側頭葉に保存されていることになる。ただし

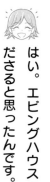

側頭葉も情報を永遠に保存しているわけではない。一度しか学習していない情報で、二度とその情報を取り出さなかったら、側頭葉はそれを不必要なものとして保存場所から除去してしまうことになる。だから、時間を空けて反復した場合も、初めて学習したのと同じ扱いを受けることになる。これもまた反復の意味がない。

う～ん……、じゃあ、いつならいいんですか？

結局、**一番いいタイミングは「ちょうど忘れかけたとき」**なんだ。

なるほど～。まだ覚えているときに繰り返しても意味がないし、すでに忘れてしまったなら、また一から始めなければならないからですよね。

脳科学的にいえば、こういうことなんだ。番人である海馬は情報を忘れかけてるので、前頭葉に「知っているかどうか」を問い合わせる。すると前頭葉は側頭葉を調べることになる。その結果、海馬→前頭葉→側頭葉とアクティベーション（刺激）が伝わることによって、まだ残っている側頭葉の記憶がより一層強化されることになる。

こうやって改めて科学的に説明されると新鮮な感じがします。先生の話でも、少しだけ説得力があるように思えます！

って僕はかなり信用されていないんだねぇ。まあ、いいよ。ここまではわざわざ脳科学を持ち出す必要もない。問題は、忘れかけているタイミングはいつかということだよね。

先生、それです！　そのタイミングさえわかれば、忘れなくなると思います。でも、そのちょうど忘れかけたときというのは、とてもタイミングが難しい気がするのですが……。

そのタイミングのヒントもやはり「エビングハウスの忘却曲線」にあるんだ。それによれば二〇分後には約四割を、一時間後には半分以上を忘れていたということだったよね。そこからは曲線が少し緩やかになって、一日後は四分の三を忘れ、それ以降はあまり変化がない。そうなると、**二度目の学習は一時間以内にするのが理想的**だとわかるよね。

一時間以内だったら、ほとんどのことを覚えていそうな気がするけど……あ、

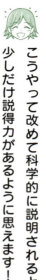

でも半分以上は忘れているんでしたっけ？

そこなんだ！　**たいていの人は一度覚えたなら、それで安心して、次に行こうとする。**
確かに、**「覚えた」のかもしれないけど、時間とともに忘れていくのだから、それは「覚えている」わけではない。**

「覚えた」と、「覚えている」では違うんだ！　ちょっと目からウロコです。私、受験時代に全部頭に詰め込んで、「覚えた！」と喜んでいたけど、本当はその場ですぐに繰り返さなければならなかったんだ。

一時間以内ならば、半分以上は覚えているし、残りの半分も忘れかけているだけだから、もう一度繰り返すことによって、すぐに思い出すことができる。そのことで、忘却曲線は緩やかになり、忘れにくくなるんだ。

高校時代に一夜漬けで、全部頭に詰め込んだら、「やったぁ！」っていう達成感からと、起きていると忘れそうと思ったのとで、すぐに布団に入ってたけど、

それはダメな記憶の仕方だったわけですね。

そうだねこれからは一度覚えたと思ったら、その場でもう一度繰り返すこと、そして、翌日もう一度復習をする。これだけでもかなり記憶は維持されるよ。**復習するたびに、海馬は前頭葉に問い合わせ、前頭葉は側頭葉を調べることで、記憶はどんどん強化されていくことになる**んだから。

はい！　これから覚えなきゃならないものは、すぐに復習するようにします。

記憶量とは、覚えた時点の数値が大事なのではなく、それが必要な時点の数値が大切なんだ。たとえば一年後に何かの試験があるなら、そのときどれだけ記憶しているかが最重要であって、現時点でどれだけ記憶していようがまったく意味がないってことなんだよ。

まさにその通りですね。もう何もいえないくらいです。私先生のことようやく信用できそうです。

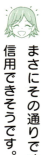

そ、それはありがとう。それじゃ忘却曲線を利用した具体的な学習の仕方は後で詳しく説明するとして、とりあえずここでは人間は忘れる動物であり、そのことを前提に学習しなければまったく無意味だということだけでも頭に置いておいてね。

はい！　わかりました。

エビングハウスの忘却曲線の致命的な点

最初にエビングハウスの忘却曲線を紹介したのは、これがあまりにも有名で、さまざまな記憶術の裏付けとなったからなんだ。でも、じつはこの忘却曲線は、反復学習の必要性を物語っているにすぎない。この曲線には根本的な問題点があるんだよ。

ええっ！　忘却曲線て信じちゃいけないんですか？　たった今先生に教えてもらったものなのに、ちょっとひどくないですか？

いや、この曲線自体は科学的なデータであって、信じるに足るものだよ。問題は、この実験が無意味な音節を記憶したものだということだ。まさに棒暗記のデータなんだ。

ということは、二〇分後に四割忘れるっていうのは、棒暗記をした場合のことですよね？

その通り。棒暗記、丸暗記、詰め込み式がいかに効果がないかを如実に表しているデータだと言える。だからうまく覚えれば、忘却曲線はもっと緩やかになる。もっとも、反復しないとやがては忘れてしまうことに変わりはないけど。

ちょっと安心です。でも、どうすればうまく覚えられるんですか？

エビングハウスの忘却曲線は無意味な音節の暗記だったよね。それならば、逆に、**意味にこだわった覚え方をすれば、こんなに早く忘れることはない。**

えっ、それってどういうことですか？

うん、すべての情報は言葉によってもたらされる。その言葉には必ず意味があるよね。**その言葉が論理的に使われているならば、それを理解すれば楽に覚えることができるし、忘れにくくなる**わけだ。

言葉か……。そんなこと、今まであまり考えてこなかったです。

好きこそものの上手なれ

あまり難しく考える必要はないよ。脳の司令塔である前頭葉が、これは必要な記憶であると判断すれば、長期保存場所である側頭葉に保存場所を移動するんだったよね。それならば、前頭葉にその情報が必要だと思わせればいいんだよ。

う～ん、分かるような分からないような……。

順を追って説明していこう。ハルカちゃん、受験生の頃、嫌いな科目は何だった？

日本史がとにかく嫌いで、世界史の方がまだ好きでした。だって、日本史は年号や事件名、人物名と、どれも似かよっていて覚えることだらけだったし。頭の中が意味のない漢字や数字で溢《あふ》れ返っていました。

ほら、今、意味がないって言ったよね？　年号も事件名も、すべて意味のある情報なのに、その意味を理解しないで暗記しようとしたからそう思ったんだよ。

あっ！　そう言われれば……。苦手だった日本史は「何年にどんな事件があったか」なんて興味も湧かなかったからそうしてました。逆に英語は好きだったので、英単語を覚えるのは早かったんです。昔から洋楽に興味があって、歌詞に出てくる単語を辞書で引きつつ、詩を訳したからなんですけど。

まぁ、そうだろうね。**人間は興味のあることなら自然と覚えられるものなんだ。反対に、興味のないこと、わからないこと、理解できないことは、まるで覚えられない。**

たとえば、ハルカちゃんが苦手だった日本史の場合、織田信長、豊臣秀吉といった歴史上の人物に興味が持てれば、自然と彼らがどんな事件を起こしたのか、するすると頭に入ってくるに違いない。だけど、興味がないなら、彼らの名前や事件はただの記号にすぎないから、なかなか覚えられないし、一度覚えてもすぐ忘れてしまうんだ。

なるほど～。そう考えると、年号にも意味があるのに、ただの数字として丸暗記していたから、面白くなかったんだなって思います。

たとえば、一六〇〇年関ヶ原の合戦でも、この年を境に徳川家康が実権を握るのだから、その事実を踏まえた上でこの年号を買えるようにすれば、何かの戦《いくさ》に関しても、それが関ヶ原以前か、以後か、大まかな見当がつくよね。それなのにただ一六〇〇年関ヶ原の合戦と棒暗記するから、それを活用することができないんだよ。

でも、興味が持てないものは、どうしたらいいんですか？

そういうのだって興味を持てるようにすればいいんだよ。つまり**意味を理解する**こと。

たしかに、単なる無意味な記号や数だと、まず興味を持てるはずがないものね。

それに仕事のことだったら自分に密接に関わることだから、イヤでも興味が持てるはずだ。もし、どうしても興味を持てないならその仕事は向いていないと考えるしかないな。

先生、それは厳しすぎませんか。まあ、自分の仕事なんだから、少しでも楽しくしなくちゃいけないとも思いますけどね。

まさに好きこそものの上手なれ、だね。歴史上の人物だけでなくて、普段の生活でも、名前をすぐに覚えられる相手もいれば、忘れてしまう人もいる。たとえば、その相手に興味を持ったら、その人物がどんな人か知りたいと思うだろうし、自然に名前も顔もインプットされる。だけど、紹介されてもその人に興味を持てなければ、名刺を交換しただけで、名前さえ覚えることはないんじゃないかな。

それわかります！　合コンのときでも、ちょっと話をして気になった人の名前は絶対に忘れません。でも、仕事で名刺交換しただけの人だと、名前すらほとんど覚えていないですから。

とんでもなく元気が出たようだけど、合コンの話とはね……。

ああ、私としたことがごめんなさい。でも、忘れられない人ってたしかにいます。

まあ興味があれば、そのことを知りたいと思うのが自然だよね。**知りたいとは、単なる知識に留まらずに、深く理解したいと思うこと**だからね。**そういう場合、前頭葉はそれを長期保存すべき情報だと判断して、側頭葉に移そうとする**んだ。

なるほど、脳って利口ですね！　そういえば、高校のとき、得意な教科は内容に興味があったから、そんなに努力しなくても覚えられたけど、苦手な科目は教科書を見ても内容が頭に入ってきませんでした。先生、ひょっとしてそれって仕事でも同じですか？

まるで同じだね。**好きなことで興味があれば、少しくらいむずかしくても、人に聞いたり、調べたりしてでも、もっと知ろうとする。だから、覚えられる。**でも、面白くないものという先入観が頭にあったり、苦手意識があったりすると、本当なら理解できるようなことでも、頭に入っていかなくて覚えられない、そんなところがあるだろ？

はい。それってよくわかります。

詰め込み記憶術は非効率

ところで、ハルカちゃんは、勉強ができる人というと、どんなイメージがあるのかな？

そうですね……。毎日、家に帰って、何時間も机に向かっているような人かな。

いわゆる「ガリ勉」タイプだね。でも、長年受験生を見てきた私からすると、実は、コツコツ勉強して「詰め込む」だけのタイプは意外に伸びないんだよ。

えっ！　コツコツ型って、ダメなんですか？

いや、そうした覚え方を完全に否定するわけではないよ。ものを覚えるときには、地道な作業が必要なこともあるから。ただ、コツコツ時間をかけても、詰め込んでものを覚えるという作業は、それだけコツコツと忘れるということでもある。

そっか！　記憶量は時間とともに減少していくからですね。

そうなんだ。**どうしても覚えなければならない時は、短期間で集中的に覚える。**時間が経過すれば、その分忘れやすくなるからだ。そして**忘れないうちに四、五回は繰り返す。**

そうすれば、しばらくは忘れないですむということですよね。

でも、そうやってがむしゃらに詰め込むのは最悪の事態の時であって、**本来は興味を抱**

き、それを理解し、整理することで、自然と頭に入れるようにする、そういった勉強の方法が理想的なんだ。

たしかに忘却曲線から考えたら、詰め込み式は非効率的かなって思います。

ちなみに、**受験生で成績がグンと伸びるのは、クラブ活動もすれば遊びもする、異性にもモテる、でも勉強もしているというタイプ**なんだ。仕事でも同じじゃないかな？　できる人ほど、あまり残業はしないし、プライベートも充実しているケースが多い。

ううっ……。そうかもしれません。一概には言えないけど、私の同期もそんなタイプです。私と変わらない仕事量なのに彼女は定時までにちゃんと終わらせるし、しかも結果を出している。プライベートでも、英会話やヨガに通ったりして充実してそうですし、かなり口惜しいけれど、婚約者までいるんですから。

ハルカちゃん、そんなに焦らなくても大丈夫だよ。結局、その同期の女性は**理にかなった仕事のやり方**をしているんだ。だから、短時間のうちに覚えなきゃならないこともしっかりと身につけ、成果を上げているんだ。
そんな人に共通しているのは**「正しい勉強法」**を行っていることで、単に頭が良いからではないんだ。逆に言うと、勉強法が間違っていると、どんなに努力したとしても、「正しくない勉強法」であれば、それに見合った成果を得ることができないから、本当にもったいない。

えっ!? それじゃ、勉強法次第で彼女みたいになれるんですか？

もちろんなれるよ。僕が保証しよう！

勉強は本来遊びだった!?

では、これから正しい記憶術、もしくは正しい勉強法について教えよう。

はい、お願いします。どうせ勉強や仕事をするなら、努力に見合った成果を得て、素敵な婚約者を見つけたいもの。

ゴ、ゴホン……。と、とにかく始めるよ。**まず勉強で大切なのは、「勉強自体を楽しめること」「理にかなった勉強法であること」「科学的な記憶術であること」**、この三つの原則に従っていることなんだ。

先生、この三つの原則、今までの説明で何となくわかりましたけど、まだ実感がともなっていません。

よし、わかった。まず「勉強自体を楽しめること」について説明しよう。
ハルカちゃん、**勉強って、本来「遊び」だったんだ**よ。

えええ！　先生、私なんて子どもの頃からずっと「遊んでばかりいないで、勉強しなさい！」って、怒られてきてますけど。

でも、もともとは違ったんだ。たとえば、原始時代にアルタミラ（現在スペイン北部）の洞窟には見事な絵が描かれていたのは知っているかな？

あ、それたまたまですが知ってます。その辺の画家よりも上手ですよね。才能のある人の絵が残ったのかしら？

そうとは限らないよ。彼らは退屈だったんだ。だって、暗くなったら、外は危険だから、洞窟に閉じこもってじっと息を潜めていたはずだ。今と違ってテレビもマンガもゲームもない。だとしたら、彼らにとって絵を描くことは遊びだったのではないかな。

そうですよね。私だって、一日洞窟に閉じ込められ、他にすることがなかったら、一生懸命絵でも描いて退屈をまぎらわすと思います。

その遊びが高度に発達したのは、ギリシア時代ではないかな。ギリシア人たちは働く必要がなかった。働くのは奴隷の仕事であり、彼らは生涯遊んでいれば良かったから。もちろん、政争は絶えずあったし、それなりに忙しかったのかもしれないが、自由時間の大半を哲学や文学、音楽などに費やした。それが彼らにとっての遊びだったんだ。

確かにギリシア人は哲学や文学を楽しんだようですね。私世界史はそれなりに好きでしたから、そのエピソードは聞いたことあります。

うん、彼らにとって学問はまさに遊びだったんだ。そして、深く学べば学ぶほど、より面白くなり、退屈することはなかった。日本では平安時代の後宮《こうきゅう》文化がそれに当たるな。

それって紫式部や清少納言ですよね。

そうだね。彼女たちは後宮と呼ばれる一部屋を当てがわれ、一日の大半をそこで暮らすしかなかった。后妃（天皇の妻）とそうした女房たちの生活はきっと退屈きわまりないものだったと思うよ。夕暮れになるとあたりは暗くなり、部屋の外を出歩くこともない。紙燭という薄《うす》ら灯《あか》りの周りで彼女たちは息を潜めてじっとしていた。

テレビもマンガも、ゲームもない。私、お姫様に憧れていたけど、やっぱり退

屈はイヤです。

ハルカちゃんは行動的だからね。それはともかく、古文の世界では遊びは音楽のことだし、退屈だから、女房たちは高度な文化を発達させてきたんだ。ところで后妃が一番ほしがったものって何だかわかる？

え～と、ゲームはなかったし、きれいな着物かな？

退屈を紛らわせてくれる、気の利いた女房だよ。だから、面白い物語をつくる才能のあった紫式部や、気の利いた話ができる、才知あふれた清少納言をそばに置きたがったんだ。

納得。文学も芸術ももともとは遊びだったのですね！

だから、**勉強は一生飽きが来ないほど、本来は楽しくて仕方ない遊びだった**んだ。

だから、先生は記憶の原則として、「勉強自体を楽しめること」って言ったのね。

近代における仕事の意味

ハルカちゃん、ところで、遊びの対義語は何だと思う？

え〜と、仕事かな？

そうだね。では、仕事と遊びの違いは？

う〜ん。先生、あまりむずかしいこと聞かないでくださいよ。仕事はお金をもらえるけど、遊びならいくら遊んでもお金はもらえませんよね。

うん。たしかに仕事は儲かるかどうか、あるいは、物を生産するかどうか、そのためには効率的であるかなどが問われるよね。それに対して、遊びは瞬間的なんだ。つまり、今面白ければそれでいいわけで、つまらなければ遊びを止めるか、別の遊びをするだけだ。もちろん、ものを生産するわけではないし、有効性とか効率などは関係ない。

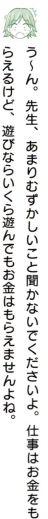

仕事と遊びって対照的ね。でも先生、本来勉強って遊びだったのでしょ？

おっ、いいところに気づいたね。日本は明治以降、近代化に邁進したんだけど、近代はいかに生産力を高めるか、いかに効率的かと、まさに一方向へと突き進んだ時代だったんだ。その結果、本来遊びであったはずの勉強が、仕事へとすり替わってしまったんだよ。

真逆なのに、残念ですね……。

うん。勉強（学問）が仕事だったら、面白いかどうかは問われなくなる。いかに生産したのか、儲かったのか、つまりは**成績が上がったかだけが重要視される**。そして、そのためには有効性と効率が重視されるようになった。

塾や予備校でも、テクニックばかり習った気がします。

ところが、やはり勉強の本質は遊びにあるのだから、結局、**テクニックに走ったり、詰め込み式の勉強をしたりしたところで、その場限りのもので、本当の学力なんてつきはし**

ない。僕は**学問を仕事ではなく、本来の遊びとしてとらえ直すべきだ**と思うんだ。もちろん、芸術も文学もみんな遊びだ。楽しくて仕方がないから夢中になる。深く知れば知るほど、より深い面白さを知ることになる。

先生、いいこと言いますね！　ちょっと見直しちゃった。

ありがとう。でも、本気でそう思っているんだ。たとえ、どんな一流大学に合格しても、勉強は仕事で、つらくても我慢しなくてはならない、コツコツと努力するものだと思っていたなら、合格したそれから後は勉強なんてしなくなるだろうしね。

本当ね。そういう人は、試験がなくなればきっと遊んでしまうと思います。小学生の頃から、「努力！」「根性！」とか大人たちに言われて、ひたすら暗記を強いられてきたタイプだとしたら、将来かなり不安かも。

そうだね。それより、一流大学なんか出ていなくても、勉強の面白さを知ったなら、その人は生涯学習を続けていくに違いないよ。

しかも、本当の勉強の仕方がわかっているから、長い目で見たらきっと成功すると思います。私も、そっちの方がいいな。

僕は長年予備校で教えてきたけど、成績を上げるよりも、勉強の面白さを伝えるのが講師の力量だと思ってきたんだ。勉強が面白ければ、誰だって自然と興味を抱くようになるし、それなら無理に詰め込まなくても、自然と必要な知識は身についていくものだしね。

先生、私にも本当の勉強の面白さを教えてください！

第2章のポイント

- 人間は一度覚えたことを一時間で半分以上忘れてしまっている。
- 学習を練り返すことで記憶は一〇〇パーセントに近づく。
- 一時間以内に学習内容を反復すると、記憶が効率よく定着する。
- 整理された記憶は、その後使いこなしやすくなる。
- 勉強は本来遊びなので、楽しめなければならない。

第3章

二度と忘れないための記憶術

きれい…！
前に一緒に来てから私たちもいろいろあったけどさ…
ここからの景色は何も変わらないね
そうなんだ俺は初めて来たよ

論理とは物事の筋道である

第三章は、本書の中核となるものです。楽に覚えられ、しかも二度と忘れない最高の記憶術を伝授します。そのためには、論理と記憶の相乗効果が必要なので、まずは、論理のたった三つの法則を誰にでもわかるように説明します。そして、記憶と論理をどのように活用していったらいいのか、具体的に紹介します。

この段階で、ハルカの記憶に対する考え方は一変していきます。

正しい記憶の仕方の二つ目の原則は、**「理にかなった勉強法」**だったね。「理」とは論理の「理」だ。

先生、この際ですからお聞きしますが、論理って何ですか？

単純に考えれば、**論理とは、物事の筋道だ。筋道を立てて話す、筋道を立てて考える、筋道を立てて書く、**このときの**筋道が論理**なんだ。

ということは、単なる棒暗記ではなくて、物事の筋道を理解すれば、記憶しやすいということですか？

うん。まずわかりやすい例から考えようか。たとえば、スマホの買い換えのときに家電量販店に行ったとしよう。

新製品のスマホが四機種あって、機能の差がよくわからないので店員に説明をしてもらいたいとする。すると店員は、四つの製品のそれぞれの性能を順番に説明してくれた。それを聞いて、ハルカちゃんは「じゃあ、これを買おう！」と思えるかな？

う～ん、思わないかな。いくら機能を説明されてもわからないから、さっさと自分に合うものを見せてくださいって言いそう。

それでは、もし別の店員が、「お客さまはどういうふうにスマホを使われるんですか？」

と質問してきて、ハルカちゃんの答えを踏まえて、「それなら、こちらがいいと思います」と薦められたらどうかな？

私、結構流されやすいところがあるから、そういうふうに勧められたら、その場で買ってしまうかも。

店員として大切なのは、製品の違い、たとえば何に使うならこれがいいとか、スペックだけ聞いたのではわからない部分を客に伝えて、判断の材料を与えることだよね。実は、どちらの店員も同じ説明をしているのだが、この二人には大きな違いがあるんだ。なんだかわかるかな？

えーと。話し方ですか？

たしかに話し方も違うかもしれないけれど、それよりも根本的な違いが二人にはある。最初の店員は、それぞれの製品のスペックをただ覚えただけで理解はしていない。だから、機種ごとの特徴を説明しただけで終わってしまっている。でも、次の店員は**製品のス**

ペックをきちんと理解した上で、客の使い方に応じて、どの製品が合っているか、自分なりの判断、つまりは、考えを持っていた。ここが大きな違いなんだ。

つまり、**記憶とは単に覚えるだけでなく、その内容を理解して、自分の考えを持てるところまで到達することが大切**なんだ。

ハルカちゃん、確か会社で新人の教育係を任されたんだよね。

はい。それで戸惑っています。あっ、でも今の量販店の店員さんの話は、参考になります。

そうなんだよ。仕事のマニュアルをただ教えるだけではダメなんだ。新人が生き生きと仕事ができるように教えなければならない。そのためには、ただ棒暗記しただけの記憶の仕方ではなく、それを**深く理解して自分の考えを持つ**というところまでいかなければならない。

その通りだとは思うけど、それって、すごくむずかしいです。

そんなことはないよ。**要は、普段から「理にかなった勉強法」を実践しているかどうかだ。物事を論理的に理解することによって、自然とそれが脳に記憶される。だから、実際の場でそれを活用することができる。**

う〜ん、論理ですか……。そう言われても、まだピンとこないんですが……。

では、ここで記憶と論理の関係を少し紹介しようか。

最強ルール1 三つの日本語の使い方

ハルカちゃん、乱雑に散らかった机の上と、整理整頓された机の上と、どちらから必要な書類を取り出すのが早いかって、そんな話したよね？

はい。覚えています。当前整理整頓された方が見つけやすいです。

バラバラで雑多な情報を詰め込んだ場合、記憶するのも困難だし、必要なときにそれを取り出すのも困難だよね。しかも、使っていないとどんどん忘れていく。

それって、乱雑に散らかった机のことですね。

そうだね。しかも、忘却曲線からもわかるように、せっかく覚えても**反復**しなければ消えてなくなるだけ。だから、いつでも使える状態にしておかなければならない。

そのために、論理が必要なんですか？

そうなんだ。**論理とは物事の筋道だけど、実はたった三つの言葉の使い方を身につけるだけ**で、たいていのことは解決できるんだよ。

ええっ！　たった三つ!!　それ、すぐに教えてください。ひょっとしたら才色兼備の輝けるＯＬになって、すぐ素敵な彼ができるかも！

か、かなり飛躍しすぎているような……。まあいいや。三つの言葉の使い方とは、**「イコールの関係」「対立関係」「因果関係」**のことなんだ。この三つの規則を使って、あらゆる情報を整理して、脳に入れておく。予め整理しているからすっと脳に入り、記憶しやすいし、いつでも使いこなすことができる。そして、反復することによって、どんどん忘れにくくなる。

それです！　私が求めていたのは。たった三つだったら、私にでもできそうですから、早く教えてください！

最強ルール2　具体と抽象

わかった。それではいくよ。まずは「イコールの関係」から。

えっ？　「イコールの関係」って、算数みたい。

その通り。算数や数学でも、それぞれの式は「＝」という記号で結ばれているよね。もし、一か所でも「＝」が成り立たなかったなら、その式は間違いということになる。

はい、それくらいなら、数学が苦手な私でもわかります。

ハルカちゃん、話は変わるけど。

えっ、もう変わっちゃうんですか？

うん。具体と抽象って、わかるかな？

何となくわかる気がします。時々聞いたことがあるから。でも、ちゃんとは説明できません。

抽象とは、個々別々のものから共通点を抜き取ったもののことなんだよ。たとえば、「花」という言葉一つとっても、これらは世界中の個々の花の共通点を表したもの。だから、抽象概念と言ってもいい。

そうか！　「花」って概念で、現実に花が存在するわけではないんですね。

うん。それに対して、一つひとつ異なる、実際に存在する花を具体という。だから、具体と抽象は対立概念なんだ。

先生、分かりました。ハルカが具体ならば、美人が抽象、女性、人間なら、もっともっと抽象ってことですよね？

美人が抽象っていうのが引っかかるけど、その通りだ。おおむね、この具体と抽象という言葉の使い方が、「イコールの関係」において言葉でものを考える出発点となるんだよ。たとえば、数学でXとかYは抽象的な記号のこと。でも、数学では計算して、最後は具体的な数値を出さなければならないよね。

「＝」を使って具体的な数字というと、X＝1とか。う〜ん、何だか急に頭が良

くなってきたような気がする。

数学はそう単純ではないけれど、抽象から具体というまさに「イコールの関係」が数学には貫かれている。

たとえば、これは「万有引力の法則」も同じだよ。

あっ、ニュートンの法則ですよね。学校で習いました。すべての物と物とが引っ張り合っているってヤツ。ニュートンがリンゴの落ちるのを見て、発見した法則でしょ？

うん。リンゴが木から離れたなら、当然地面に落ちるよね。その現象を言い換えるなら、リンゴと地面が引っ張り合っていると言える。

たしかにリンゴと地面が引っ張り合ったら、地面の方が重たいからリンゴが落ちることになります。先生、それくらいなら、私にもわかるわ。

リンゴと地面が引っ張り合う現象を具体としたなら、それを抽象化してごらん。すると、すべての物と物とが引っ張り合うという万有引力の法則ができあがる。**実はニュートンは単に「イコールの関係」でものを考えただけ**なんだよ。

先生、具体と抽象って、すごいんですね。

ハルカちゃん、今、地球は太陽の周りを回っているよね。

はい。それはわかります。

でも、どうして回っていると言い切れるのかな？　今も地面が動いているって、実感できる？

えっ!?　先生、いきなりいじわるしないでくださいよ！

ごめん、ごめん。でも、この場合でも「イコールの関係」を使って考えてごらん。すべ

「具体」から共通点をあつめ「抽象」に変換する

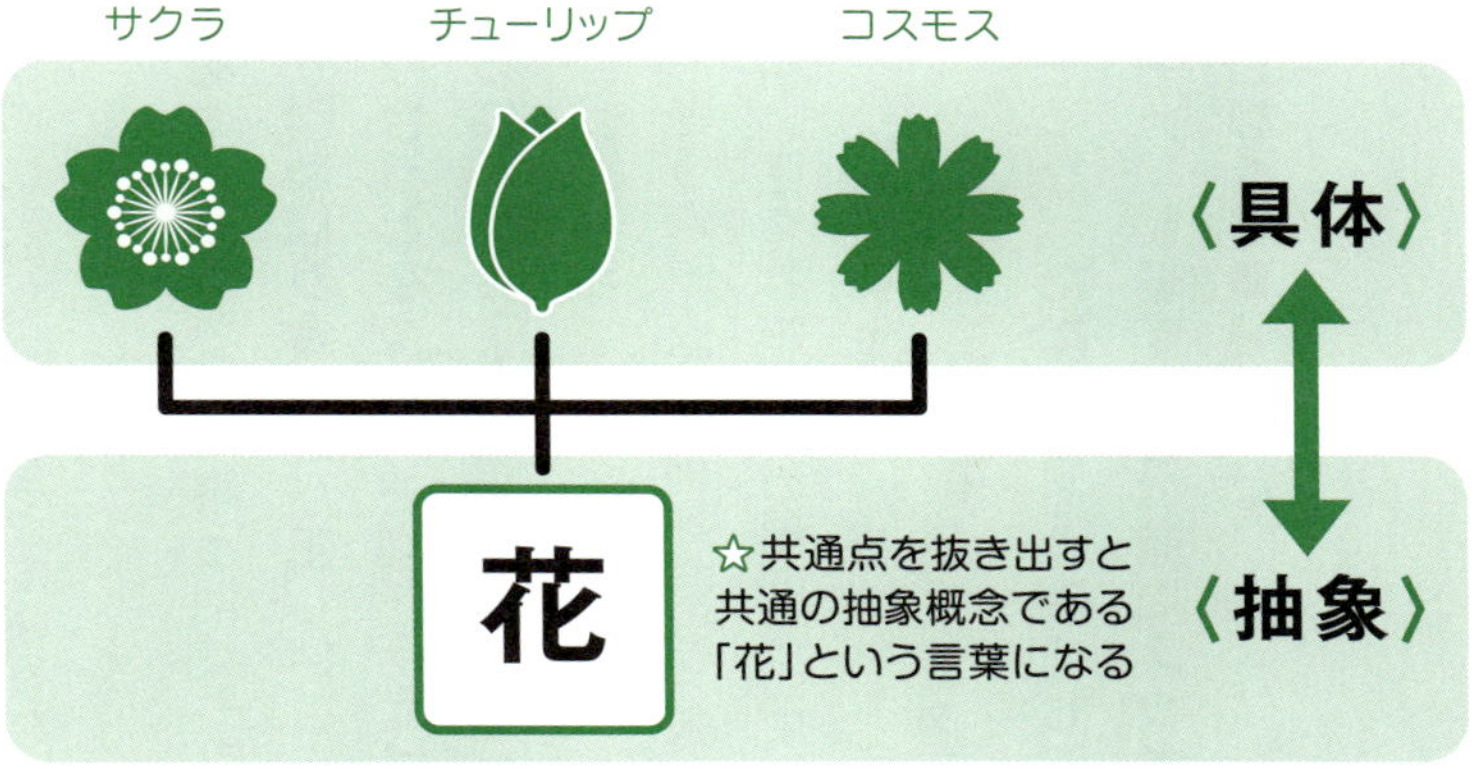

● 具体と抽象を理解することが「イコールの関係」で考える出発点

三つの記憶法〈1〉「イコール」で整理する

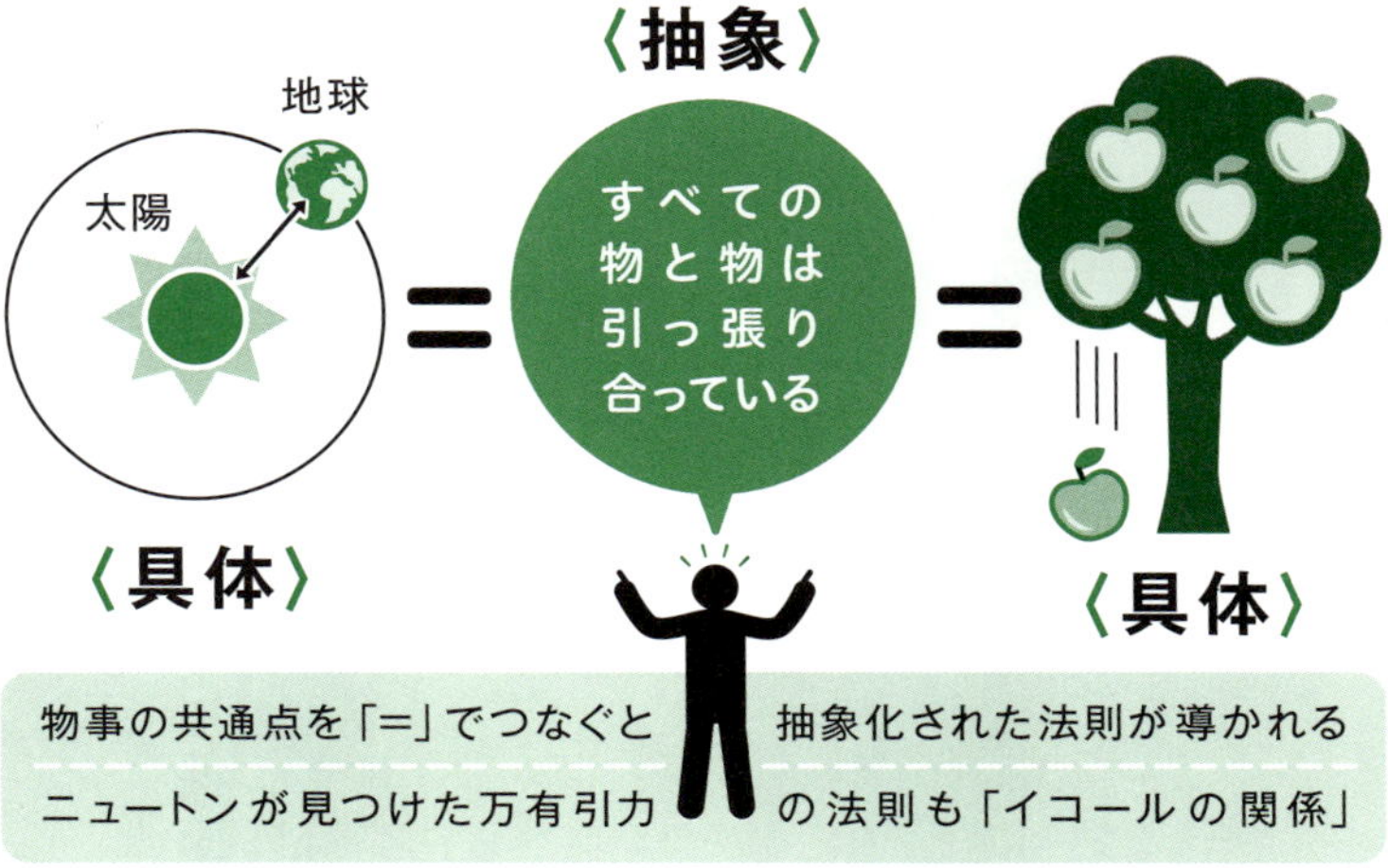

ての物と物とが引っ張り合っているなら、太陽と地球はどうだろう？

あっ、そうか。太陽と地球も引っ張り合っているわけですよね。りんごと地面が引っぱり合うのが正しいなら、それを抽象化するとすべての物と物が引っぱり合うとなって、それを今度は具体化したら地球と太陽が引っぱり合う。要するに、「イコールの関係」ですね。

うん、そうだ。太陽と地球が引っ張り合ったら、太陽の方が圧倒的に重いから、地球は太陽に引っ張られて、その周囲を回ることになる。これらは何て言うことない、すべて「イコールの関係」で考えただけなんだ。

そっか、ただものをやみくもに頭に詰め込むのではなく、こうやって論理的に考え、整理すれば、頭にスッキリと入ってくるから、覚えるのにそんなに苦労しなくてもいいんだ。

最強ルール3 「イコールの関係」と「対立関係」

ハルカちゃん、今から目をつぶってごらん。

えっ、何があるんですか？　先生、変なことしないでくださいよ〜。

そ、そうじゃないよ。今から目をつぶって、何でもいいから考えてごらん？　ただし、ルールがあって一切言葉を使わないで考えること。

はい。

どうだった？　考えることができた？

考えました。結局先生は何が言いたいのかなって？

ほら、今言葉を使った。

あっ、ルール違反ですね。もう一回挑戦します。先生、ちょっと待ってくださいね。う～ん……、無理です。言葉を使わないと頭の中がぼんやりして、何も考えられません。

実はその状態をカオス（混沌）と言うんだ。**人間は無意識にカオスの世界を言葉で整理してるんだよ。**空と大地、空と海、男と女、善と悪、好きと嫌い、甘いと辛い、右と左、白と黒など、すべての情報をいったん言葉に置き換え、整理する。感性も論理もそこから始まるんだ。

それに対して、犬や猫はカオスの中で生まれて、カオスの中で死んでいく。たとえば、今日は暑いなと感じても、犬や猫やそういった言葉を持たないから、それを言葉で暑いと認識できない。それができるのは、人間だけなんだ。

言葉って、とても大切なんですね。

というより、**人間は言葉でものを考えている。そのときの言葉の使い方が論理なんだ。**
たとえば、人間が初めて「男」という言葉を使ったとしよう。その時、単に「男」という言葉を知ったのではなく、新しい世界の捉え方が増えたんだ。

えっ、それって、どういうことですか？

A君、B君、C君と、二人と同じ人間はいないよね。初めて「男」という言葉を使うということは、A君、B君、C君の共通点と抜きとったということなんだ。

あっ、抽象だわ。「イコールの関係」ですね。

その通り。つまり、大げさに言うと、**「イコールの関係」で世界の捉え方が変わった**ということだ。それと同時に「対立関係」も生まれた。

はい。「女」という言葉ですね。

三つの記憶法〈2〉「対立関係」で整理する

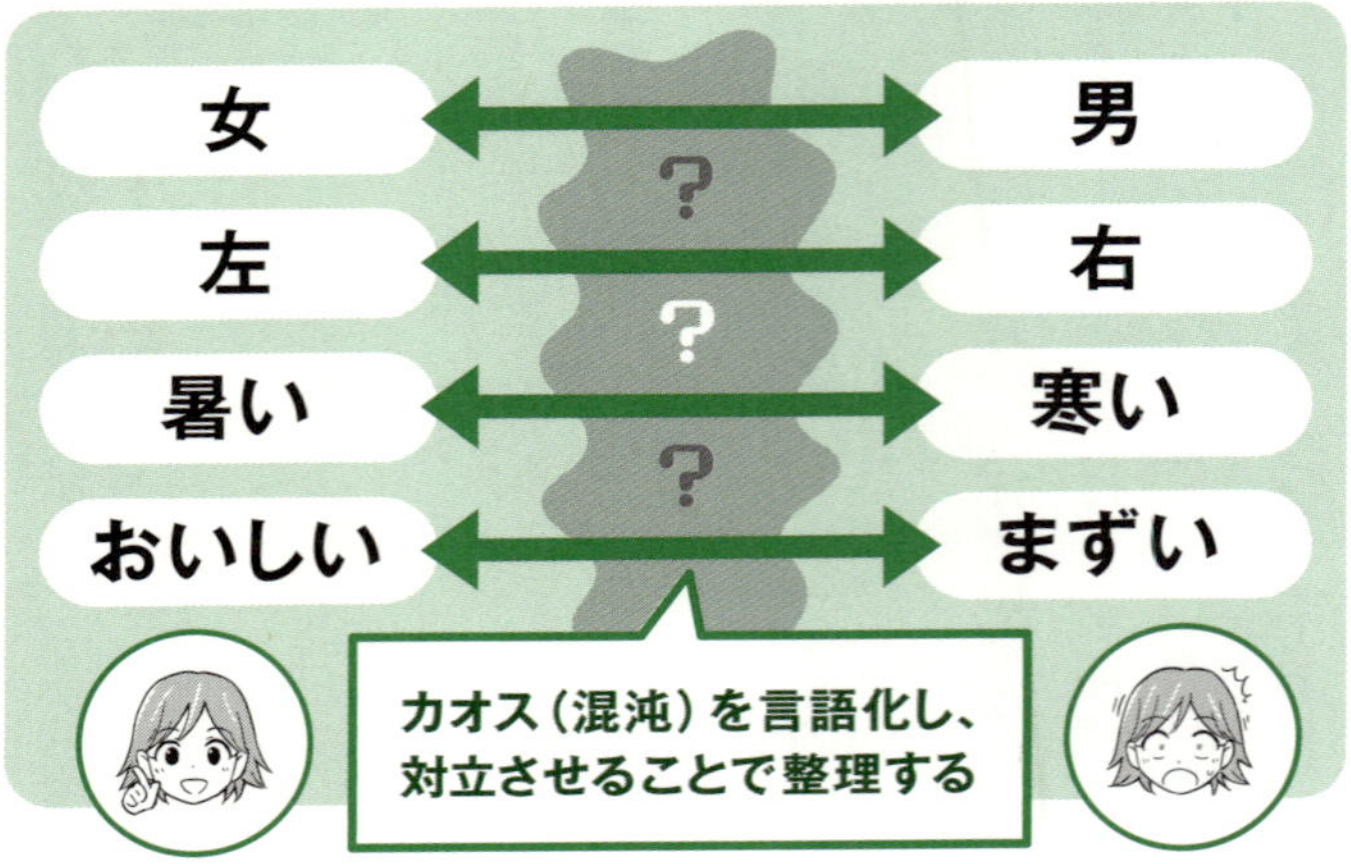

左
右
暑い
寒い

カオス（混沌）を言語化し、
対立させることで整理する

そもそも「男」を意識しないならば、「女」という言葉なんか生まれなかったんだ。すべては「人間」という言葉で十分だから。だから、「男」という言葉が生まれた瞬間、人は人間を「イコールの関係」と「対立関係」とで整理して考えるようになった。それが論理の始まりなんだ。

たしかに、私たちはあらゆる情報を「イコールの関係」と「対立関係」で整理しています。好きか嫌いか、おいしいかまずいか、明るいか暗いか、ああ、論理ってむずかしいと思っていたけれど、実は普段から私たちが使っていたことなんですね。

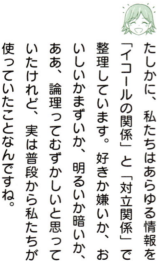

その通りだよ。言葉が生まれるまでは世界はカオスの状態だったんだ。人間はやがて言葉によって世界を整理することを覚えた。その整理の仕方が「イコールの関係」「対立関係」と、そのまま論理になっていく。

だから、**論理とは言葉の一定の規則に従った使い方**だと言ってもいい。

最強ルール4 因果関係とは？

論理には三つの規則があるって言ってたと思いますが、あと一つは何ですか？

そうだったね。三つ目は「因果関係」だ。

それって、歴史の時間に聞いたことがあります。

うん。たとえばAという主張を前提に、Bという主張を展開すれば、Aだから、Bという因果関係が成り立つ。たしかに**歴史も因果関係を理解し、整理することが大切**だよね。

日本史の先生が、ある事件が起こるには必ず原因となることがあるって教えてくれました。でも、歴史以外に、因果関係って使うことがあるのかな？

実は、ハルカちゃんも日頃から使っているよ。そして、**因果関係でものを考えるのは人間だけ**なんだ。

えっ！　私も無意識に使っているんだ。

たとえば、ハルカちゃん、傘をさすのはなぜ？

雨が降ったからです。先生、私のこと馬鹿にしてませんか？

ほら、**それこそ因果関係だよ**。「雨が降った↓（だから）傘を差した」この「だから」に当たるのが因果関係を表す記号であり、「傘を差した」理由が「雨が降ったから」とも

三つの記憶法〈3〉「因果関係」で整理する

…
雨だから
傘をさそう…
動物は感覚的にしか捉えられない
人間は言葉があるから因果関係で考えられる

言える。

食べ過ぎたらおなかを壊してしまう、あるいは、太ってしまうと思ったとしたら、これも立派に因果関係を使ったことになる。

本当だ。私、因果関係を使っています！

問題は、「イコールの関係」「対立関係」「因果関係」といった言葉の規則を、**普段は無意識に使ってしまっているために論理を使いこなせていない**ってことなんだ。

ニュートンが世紀の大発見をしたのは、この「イコールの関係」を意識して物事を説明しようとしたからでもあるよ。

だったら、言葉の規則を意識して使えば、ニュートンみたいに頭が良くなれるのかもしれないってことですね。何だか私、生きる希望が持てるような気がしてきました。

ハルカちゃんは面白いね。でも、これはとても大切なことなんだ。それも二つの意味で大事なんだよ。

どんな意味があるんですか？

頭の良し悪しと記憶力は無関係

うん。一つ目は、人間の知的活動はすべて世界を言葉で整理することから出発しているってこと。これはコンピュータの仕組みと同じで、アプリケーションソフトもすべて言語処理の場であるＯＳ上でしか動かない。

ひょっとして頭を良くしたいなら、そのOSを強化すればいいってこと？

おっ、なかなか鋭いね。つまり、**人間の知的活動が論理という規則によるものなら、記憶もそれと無関係ではありえない**ということ。

そっか！　論理力を鍛えれば、記憶力も大幅にアップするっていうことですね。

うん。初めて見るものを記憶するのは非常に困難だったね。だから、**論理で整理してから、頭に入れるんだ**。すると、前頭葉がすぐに長期保存の側頭葉に保管してくれるようになる。後は、記憶を維持するだけだ。

先生、私もがんばって論理力を鍛えます。まだ自信はありませんけど。

大丈夫。これからは論理力を使って記憶していくから、自然と論理力もアップしていくよ。それと、もう一つ大切なことがある。
ハルカちゃん、頭の良し悪しって、本来あると思う？

もちろんです！　だって、私の友達でも生まれつき頭が良くて、それほど猛勉強している様子がないのに、成績はいつでもトップで、現役で東大に合格した人がいますし。悲しいけれど、そういう人と私とでは生まれ持ったものが違うと思います。

そうだね。一人ひとり異なる遺伝子を持って生まれてきたのだから、能力に個人差があることは決して否定しないよ。

でも、**頭の良し悪しと論理力はイコールではない**んだ。

えっ！　先生、またまた人を驚かせようとして。

頭の良し悪しは遺伝子によるものだから、生まれつきだね。でも、論理力は言葉の規則に従った使い方だったね。

はい。先生に教えていただいたばかりです。

ハルカちゃんは、生まれたときから言葉を喋っていた？

いくらなんでも、そんなことはありえません。

そうだよね。人間は生まれた後から言葉を喋りだす。つまり、言葉は後天的に、学習や訓練によって習得するものだ。

そして、論理とは言葉の規則に従った使い方だったね。

あっ、そうか！　論理力は言葉の使い方だから、後天的に、学習や訓練によって身につけられるものなんですね。

うん。ハルカちゃんの論理力が足りないとしたなら、それはしっかりとした訓練をしてこなかっただけなんだよ。そして、**論理力が低いと、記憶力も弱い**んだ。

……それ、まさに私です。

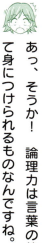

つまり、**論理力は誰でも正しい方法で一定の訓練をすれば身につく**ものなんだ。**そして、生まれながらの頭の良し悪しよりも、学習や社会で必要とされるのはむしろ論理力**なんだ。

そうだったのね。何だか未来に希望の光が差し込んできました。今からがんばれば私でも何とかなるんですね。

そうだよ。そのためには、**理にかなった勉強法**が必要なんだ。

先生、やります！　その理にかなった勉強法をもっと詳しく教えてください。

記憶するための原則

これまでの説明を踏まえて、いよいよ**「科学的な記憶術」**について、**別名「二度と忘れないための記憶術」**の伝授といこうか。

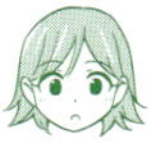

はい。何だか緊張します。

記憶の第一関門。初めて見るものって記憶するのがむずかしかったはず。たとえば高校時代。初めて見る英語や日本史の教科書を学習するのには時間がかかったよね。学校で習うから記憶できるわけで、すべて独学で記憶しようと思ったら、そう簡単には頭に入ってこない。

たとえば、日本史の歴史の本を一冊読んで、何となく歴史の流れを踏まえることができても、それだけで人物名や事件名、年号などが記憶できるわけではないね。

もちろんです。私、高校時代に歴史の本を読んだことがあるけど、一冊読み終えて振り返ったら、何一つ頭に残っていませんでした。当時は頭が悪いのかなって悩んだりしましたけど。

そうじゃないよ。前に挙げた例だけど、初めて会う人の名前を一〇人その場で覚えられるかって言ったら、僕だって無理だもの。

良かった。私も、無理です。

すぐ覚えられるのは関心があったり、何かに関連づけられたりするものであって、何の関連もない、または関心がない一〇人の名前なんて、覚えられないのが普通なんだ。つまり、海馬に保管されるだけの短期記憶だ。前頭葉が側頭葉に保管場所を移動しようとはしないというわけだ。

でも、初めて会った人でも、ハルカちゃんが関心のある男性の名前だったら、自然と覚えてしまうんじゃないかな？

イケメンだったり、好みのタイプだったりしたら絶対覚えますね！　って先生、変なこと言わせないでください。でも、逆に、数年前までつき合っていたのに今では顔すら思い出せない人もいます。

ほら、関心があれば自然に覚えてしまうし、たとえつき合ったことがある人でも関心がなくなれば顔すら忘れてしまう。

先生！　誤解される言い方は止めて下さい。私、そんな冷たい女ではありません。気持ちの切り替えが早いだけです。

失礼失礼。それはともかく名前を覚えてしまう理由は、実はもう一つあるんだ。たとえ一度しか会っていなくても、タイプの男性ならば、「今日、初めて会った○○さんは……」と顔と名前を思い出したりしているはずだ。そういう**無意識の「反復記憶」**があるから、一度しか聞いたことがない名前なのに、その人にしばらくしてから会ったときでも、すぐに顔も名前もわかるんだ。

その通りです！　私、好きなタイプの男性ならば、何度も思い出したり、シミュレーションをしたりすることがあるのです。あっ！　先生、また変なこと言わせた！

まあまあ落ち着いて。そう考えると、ハルカちゃんは気持ちの切り替えが早いから、興味のないまま男性のことを思い出すことがなくなる、つまりは、ハルカちゃんの前頭葉が「もう長期保存する必要がない」と判断してしまうんだ。

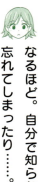

なるほど。自分で知らないうちに、何度も思い出したり、覚えてしまったり、忘れてしまったり……。

問題はそこなんだ。つまり、**普段無意識に行っている脳の使い方を、意識的に使っていけば、記憶力は格段にアップする**ということなんだ。実はこれは、論理力が日本語の規則を意識することで、どんどん鍛えられていくことと同じ原理だよ。

良かった！　やはり記憶力は生まれながらの頭の良し悪しではないんですね。
つまり記憶の仕方さえ意識すれば、記憶力はアップするんですね。

うん。まず前頭葉に長期保存させるためには、記憶すべき対象に関心を抱くか、論理的に整理することが大切だね。そこでは当然論理力が不可欠となる。さらに、前述忘却曲線から分かるように、**いくら記憶したところで時間とともに忘却していくので、いいタイミングで反復学習をしなければならない**。

自然と記憶できたのは、無意識にそういった作業をやっているからなんだ。これからはそれを意識的に行えばいいというわけさ。

別のいい方をすれば、**覚えられるか、忘れてしまうかは、覚えるための作業をきちんとしているか、いないかという違いだけ**なんだよ。

そうだったんですね。頭の良い人は単に理にかなった記憶の方法を知っている人で、頭の悪い人はその方法が間違っている人ということだったんですね。納得。

ノートは誓いの印

ここで忘却曲線をもう一度思い出してごらん。この曲線からさまざまな面白いことが分かるよ。今、何かを一〇〇個覚えなければならないとしよう。ゼロから最初に記憶するときが一番大変だということはもうわかったよね。

はい。前頭葉のお世話にならなければなりません。

英単語や構文、イディオムなんかは文章の中で自然と頭に入ればいいし、歴史ならばその人物や事件に興味を抱いたり、因果関係を理解したりすることが重要だ。この段階では特に覚えようと意識しなくても大丈夫。

先生、そういうときにノートにまとめるのは効果的ですか？

おっ、いい質問だ。それはノートの取り方にもよるね。ただ書き写すのではなく、内容を理解し、それを整理してまとめると、その段階で自然と記憶事項が頭に入る。たまに何でもノートに書き写す人がいるけど、そういった人に限って二度とノートを見ないものだ。

やたら時間をかけて、きれいなノートを作る人もいますよね。絵文字やお花を書き加えたりして。

そういう人も、きれいなノートが完成したら、そのことに満足して、二度とノートを読み直さないことが多い。ノートに書くって、二つの大切な意味があるんだ。

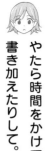

一つ目はもうわかります。頭の中で整理して、自然と記憶できるようにするため。その場合論理力が不可欠、ってことですよね？

ハルカちゃん、だいぶ理解できてきたね。もう一つ大切なことは、ノートが**「誓いの印」**ということだ。

えっ！「誓いの印」って、何ですか？ 先生、急にかっこいいことを言うんですね。

別にそんなつもりはないけど**記憶で何より大切なことは覚えすぎないこと**なんだ。一つのことを覚えるって、大変な労力が必要だし、それを維持することはもっと大変なんだ。だから、**覚えなければならないことはぎりぎりまで絞り込む。逆に考えるための核になるようなことは、中途半端な覚え方ではなく、それを使いこなせるまで記憶する。**後は、別に記憶しなくても、必要なときに調べればいい。

だから、**ノートはこれだけは絶対に覚えますという「誓いの印」として活用するべき**なんだ。

何だかノートに対するイメージが変わってきました。私、何でもノートに書き込んでしまうクセがあったので。

うん。**ノートには本当に大切なことしか書き込まない。**そして、書き込んだならボロボロになるまで**何度も読み返して、完全に覚えてしまうといいよ。**

なるほど、ただきれいなノートを完成させても無駄なんですね。

そう。それと、ノートを書くという行為は、①**理解し、整理して、頭に入れる。**②**何度も繰り返し読むことによって、反復学習が可能。**③**自分の記憶事項を管理できる。**という具合に、記憶に関して、とても理にかなっているんだ。

まさに理にかなった勉強法ってわけですね。

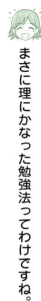

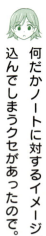

忘却曲線による実践的記憶術

たとえば今から、一年後に受験を迎えるとする。高校受験、大学受験でもいいし、国家試験や、検定試験でもかまわない。とにかく、一年後に必要な学習事項を一〇〇%記憶するにはどうしたらいいかわかるかな？

かなり実践的な話になってきましたね。

こう見えても、僕は受験の神さまなんだよ（笑）。

まるで知りませんでした。……もちろん冗談です。

まずは理解して、一度頭に入れてしまうこと。このとき興味を強く抱いたり論理的に整理できたりするほど、忘却曲線が緩やかなカーブになってくるんだ。

そうか！　単なる一夜漬けだったら、すぐに忘れてしまうから、忘却曲線の勾配が急になるんだ。

うん。それでも時間とともに確実に忘却していくことは避けられない。そこで、忘れかけたタイミングでもう一度繰り返す。そうすれば、忘却曲線がさらに緩やかなカーブになることは、すでに説明したはずだ。

それでは一年間記憶を維持するには何回繰り返せばいいのですか？

これも前に述べたとおり、一概に言えないけれど、**だいたい四、五回繰り返せば、一年くらいならほぼ記憶を維持できる**と考えていい。このことを頭に置かないと、いくら学習しても効果が得られないということになるよ。大切なのは、**覚えるときは必ず忘れることを計算に入れて覚えなければならない**ということ。

受験生を例に説明しようか。先生や講師で、一学期は英語と数学中心で、理科・社会は夏からと教える人がいるけど、これは大間違いなんだ。

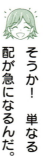

先生、それ私です。社会の勉強を夏から初めて、何とか受験に間に合ったけれど、全然点が取れませんでした。そのため、第一志望に不合格……。

合否にかかわらず一通り学習するだけなら夏からでも間に合うかもしれない。でも、一回学習しただけなら、忘れかけたタイミングで試験を受けるから、得点できるわけがない。

まさに理にかなっていない勉強でした。

理想的な勉強法としては、**一学期の間に一通り理解しながら学習する。それを夏休みで二、三回繰り返す。**

その段階で八割ぐらいは覚えていそう。

二学期では問題集を使って、実践練習。そうやって、記憶事項を使いこなすことによって、生きた知識として血肉化する。そして、**冬休みや直前期には志望校の過去問を時間を計って解く**ことで、本番に備える。

たしかに、それは理にかなっていますね。あ～あ、もっと早く先生に出会っていれば。

予習・講義・復習

ハルカちゃん、昔から、勉強は予習、復習が大事だと言うよね。どうしてだか、わかる？

今なら、何となくわかります。記憶には反復学習が効果的だから？

その通り。でも、単純反復はあまり効果がないんだ。忘却曲線でも説明したように、すでに記憶したものを反復したところで、ほとんど効果がない。

ところが、予習・復習は決して単純反復ではない。たとえば英語を例に説明しようか。

ぜひ。私英語も苦手でした。今も勉強しなくちゃいけないんですけど……。

まず予習の際に、未知の英文問題を解くとする。知らない単語があれば、前後の文脈から推測する。この時点で、読解力や文脈力を鍛えることができるんだ。

学生時代は予習したときには授業をしっかりと聞いていました。せっかく勉強したので、自分の読解が正解かどうか、気になっていたので。

そうだね。授業を聞くことで内容を理解することができるよね。しかも、予習をしているから、受け身ではなく、目的意識を持って授業に取り組むことができる。この段階で二回繰り返したことになる。

うんうん。

家に帰ったら、その日のうちに復習。これで三回目。授業で理解したものを、今度は自分一人の頭でゆっくりと整理するんだ。この段階で、ノートを作成するのも効果的。

理にかなっていますね。三回繰り返せば、ある程度期間を置いても忘れません。

そして、中間・期末などの試験の前に当然復習するはず。このパターンなら無理に一夜漬けしなくても、短期間で高得点が取れるはずだよ。

そうか！ それほど勉強してなくてもいつも成績がいい人は、別に頭がいいのではなく、本当に理にかなった勉強の仕方をしていただけなんですね。

うん。学校の試験対策ならばこれで十分だけど、一年後に受験を控えているならば、ここからが大切。せっかく三回繰り返したのに、試験が終われば二度と復習しないのならば、やはり一年後には記憶が曖昧《あいまい》になってしまう。

だから、夏休みにもう一度復習。これで四回目ね。

そうだね。二学期に問題練習をするなら、どんどん解けてくるから、楽しくなるに違いないだろうね。そして、直前で最後の復習。この直前の一押しが非常に大切なんだ。

なぜなら忘却曲線からも分かるように、記憶を確かめた直後はまだ忘れていないからね。

そうか！　二度と忘れない記憶術なら大学受験だけでなくて、社会人の勉強にも応用ができそう！

知識と論理の相乗効果

今度は知識と論理的思考の関係について考えてみよう。

先生、質問があります。先生は論理の大切さを教えてくださっているのですが、記憶することってあまり重要ではないのですか？

いい質問だね。よく誤解されるけれど、論理の大切さを人に伝えているからといって、決して記憶することを否定しているわけではないよ。むしろその逆で、しっかりと記憶しないと、ものを考えることもできないんだ。

ハルカちゃん、英語でも理科や社会でも、何の知識もないところで問題を考えることなんてなかったよね。

そういえばそうです。大切なことは覚えたし、その覚えた知識を使って問題を考えていました。

うん、これはすべての勉強に言えることなんだけど、何の知識もないところで、宙を睨んでものを考えることなんてありえないよね。大切な知識を記憶し、その記憶した知識を使って文章を読んだり、ものを考えたり、問題を解いたりするんだ。

ところが、その知識が曖昧だと、それを使ってものを考えようとしてもうまくいかない。

あるいは、記憶はどんどん忘却していくのに、それに気がつかずに、あやふやな知識でものを考えるから頭が働かないんだ。

先生、そういえば、受験直前で真っ青な顔をして、新しい英単語集を必死で覚え込もうとしている人がいたのを覚えてます。

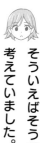

試験直前で新しい知識を記憶しようとするのは止めた方がいいね。まず覚えられないし、覚えたところですぐ忘れてしまう。

試験直前はいかに自分の頭を冴えてる状態に持っていけるかが大事なんだ。ものを考えることができない人間は、直前で焦ってくると落ち着いて文章を読んだり、問題を解いたりすることができなくなる。だから、ますます暗記にしがみつく。

悪循環なんですね。

その通りだ。ハルカちゃん、記憶するには何が必要だった？

はい、論理力です。記憶すべき情報を頭の中で整理するんです。

そうだね、よくできた。それが記憶と論理との関係なんだ。物事を論理的に理解したり、整理したりするから、自然と大切な知識を記憶することができる。

後は、それを反復学習して、記憶を定着させるだけだ。

ハルカちゃん、反復学習のコツは？

え、え〜と。先生、意地悪な質問しないでください。

ごめんごめん。それは**使ってみること**なんだよ。問題を解いてみるのも、知識を使いこなすことのうちなんだ。使っていくうちに自然と知識は自分のものとなる。だけど、その知識を使いこなすのに棒暗記ではうまくいかないよね。

たしかに理解していなければ、それを使うことはできません。

それだからこそ、**記憶には論理が不可欠**なんだ。同時に、明確な知識がないとそれを使って論理的に考えることはできない。

はい、曖昧《あいまい》な知識を使ってものを考えることなんて、できませんしね。

そう。つまり、**論理的に理解、整理することで大切な知識が自然と記憶できるし、それを使いこなすことによって、その知識がしだいに定着してくる。そして、その確固たる知識を使って文章を読んだり、問題を解いたりするから、その知識は忘却されることもなく、**

ますます頭が冴えていくことになるというわけなんだ。

軸になるものは記憶せよ

学校の先生とかは、よく「がんばれ」とか、「覚えろ」って声高に叫ぶけど、何をどのようにがんばるのか、何をどうやって覚えるのか、それを具体的に教えてくれないから、生徒は努力しても報われず、その結果、勉強が嫌いになってしまうことが多いんだ。

まさに私もそうでした。

それに、「覚えろ」というだけで、「忘れる」ことの重要性は教えない。そうして、結果が出ないと、頭が悪いせいにしたり、努力不足のせいにしたりする。

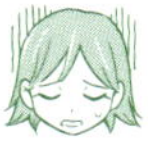

先生、これからの時代、私たちは生涯勉強しなければならないと思うんですが、

受験の頃からの間違った勉強法のままでいるのならと思うと、ゾッとします。

本当にそうだね。だから、**たえず自分の勉強法を見直す**ということが大事なんだ。そのためには、まずこれまで説明した正しい記憶の仕方を理解することだ。

はい。でもこれから記憶することが楽しくなりそうです。これは海馬にお願いしよう、これは前頭葉はお願いって、知識を整理して覚えようと思います。もちろん、ときには側頭葉の倉庫も確認しつつ。

あと**「軸」**になるものをしっかりと記憶していくことも大事だな。たとえば、日本史で言うところの、一六〇〇年関ヶ原の合戦とか、一八六八年明治維新とか、こういった軸になる年号を記憶することで、時間軸を整理することができるだけでなく、その事件が全体の中でどの時代に起きたのかという時間感覚が身につくからね。

私の場合、まったくそういう感覚を意識してませんでした。

せっかく日本史の例が出たから、もう一つ。たとえば、日本史の本を二、三度読んで、全体の流れを踏まえたとしても、それは漠然とした印象だけで、日本史が頭に入ったわけではないよ。

司馬遼太郎なんかの歴史小説を読んだなら、面白くて歴史がわかった気がするけれど、重要な事件などが記憶に残ったのかというと、本を読み終えた瞬間すべては忘却してしまう。それどころか、何も覚えていないことに気がつくと思う。

はい。私も歴史小説を何冊か読んだけれど、面白かったという印象が残っただけで、試験に出てても答えることができません。

つまりそれは、軸になるものを記憶していないからなんだ。あるいは、物事の「芯」といってもいいかもしれない。そこさえしっかりと記憶していれば、後は雪ダルマ式に知識は増えていくものなんだ。

たとえば、中国史なんかでも、殷・周・秦・漢……と歴代王朝名、初代皇帝、最も著名な皇帝、一番大事な事件など、それぞれの軸になるものをしっかりと覚え、全体を俯瞰する、そうすることでその周辺の細かい記憶事項は自然と整理されて、頭に入りやすくなっていくんだ。

それって、歴史だけでなく、いろいろな学習に応用できそうですね。

そうだね。それじゃいよいよ、さらに上級者向けの具体的な記憶術について説明していこうか。

はい。楽しみです！

第3章のポイント

- 単なる棒暗記ではなく、物事の筋道を理解すること
- 記憶力の土台は論理力にある。論理的な文章の三つの法則「イコールの関係」「対立関係」「理由付け・因果関係」を知ること。
- 予習・講義・復習はもっとも理にかなった勉強法。
- ノートは書き写すだけでなく、内容を理解し、それをまとめることによって血肉化できる最高のツール
- 「軸」になることを記憶していないと知識は増えていかない。

第4章

メタ記憶があなたの頭を変える

好きだよ
ポン…
こうすけ
今「ポン」って
言いかけたよね
キミ
どんな名前の人と
付き合ってたの？

記憶には四段階ある

本章では、自分の記憶をいかに管理するか、それを脳科学に基づいて具体的に説明していきましょう。

記憶には四つのレベルがありますが、それを知ることで、今必要な記憶はどのレベルで、そのためにはどのようなスケジューリングを必要とするかが分かってきます。

さらには、記憶における睡眠の効果とその活用法、モニタリングとコントロールなどにも踏み込んでいきます。ここまで来たら、記憶術はすでにプロレベルに達していると言えるでしょう。

ここからは、いよいよ記憶術の詳細について踏み込んで説明していこうかな。

よろしくお願いします。

効率よく覚えるためには、ただやみくもに努力するのではなく、正しい記憶の仕方を知っておく必要があったね。スポーツだって、単なる根性論のような考え方から、科学的で合理的なトレーニングに変わってきているのは知ってるよね。

わかります。中学受験の頃、塾の合宿で合格のはちまきを巻いて、一日中漢字や数式を暗記させられたことがありますけど、今思えば、あれは根性論だったんですね。

そうだね。覚えることも同じで、まだすべてが解明されていないとはいえ、脳科学も二、三〇年前とは違ってはるかに進んでいる。その最新の脳科学の研究の成果をもとに具体的な記憶術についてこれから説明していこう。

根性論じゃない記憶術って、とても興味があります。だって私、根性ないから。

実はセレゴ・ジャパンという会社が運営している「iKnow!」という英語学習サイトがあるんだけど、そのサイトが世界で最も進んだ記憶システムといわれていて、すでに特許済みなんだ。

へえー、何だか楽して英単語とかを覚えさせてくれそう！

楽かどうかはわからないけれど、最新の脳科学に基づいてコンピュータが確実に記憶させてくれるという、本当に優れたものなんだよ。実は、その創業者と僕は昔からの友人で、彼から脳科学に関するさまざまな情報を教えてもらったこともあるんだ。

先生はすごい人とお友達なんですね。

それはともかく、「セレゴ・メソッド」は記憶の段階を次の四つに分類している。

- ファミリア（familiar）＝ 親近感
- リコグニション（recognition）＝ 見分ける
- リコール（recall）＝ 再生する
- オートマティック（automatic）＝ 自動的 → 習熟

うわっ、英語だ！

別にむずかしくないから、心配しなくてもいいよ。たとえばコンピュータで記憶を管理しようとするなら、記憶の段階を明確に分類して、それをある程度正確に判定しなければならない。そのためには、この四つの段階を頭に置いておく必要があるんだ。

それでは順番に説明していこう。

まずファミリア。これは「親近感」という意味だけど、「覚えたことがある」という程度の漠然とした記憶のことを指すんだ。聞いたことがある、知っているような気がするという感じがあるだけで、具体的に何かを思い出せるわけではないから、知識としては役に立たない。つまり、一番弱い記憶なんだ。

そういう知識って、割とたくさんありそうですね。

そうだね。一度記憶して、頭に入ったはずのことでも、そのまま使わなければ、時間が経つうちにファミリアの状態になってしまう。

ファミリアというのは、一番弱い記憶というよりは「ほとんど覚えていない」状態なんですね。

そう。だから、記憶の四つの段階の中では、ファミリアにならないよう絶えず気をつけなければならない。

わかりました。ファミリアの手前の段階に来たときは、復習します。

そして、次の段階である「リコグニション」が鍵となる段階なんだ。リコグニションは「見分ける」という意味の言葉。自力では思い出せないけれど、選択肢を与えられれば見分けることができるというレベルの記憶のことなんだ。たとえばテストの穴埋め問題で、自分ではどの言葉が入るか思い出せないけれど、五択のような選択肢があれば正解がわかるということがあるよね。そういう記憶、知識がこのリコグニションになる。

誰かの話を聞いているときに、「あっ、わかる」とか「ああ、知ってる」というのも、リコグニションですかね？　私の知識は、何だか、このリコグニション

のレベルが多いみたいです。

そうだね。でも、リコグニションのレベルだからといって、別に悪いわけではないよ。前に「エビングハウスの忘却曲線」の話をしたけど、あのグラフを見れば、覚えたことも時間の経過とともに忘れていってしまうことがわかったと思う。**忘れてしまっていてどうせ覚えるのであればまずこのリコグニションの段階から始めればいいんだ**。そして、**反復学習して、徐々に記憶のレベルを上げていく**。それが一番効率的なのだ。

あっ、私いつも完璧に覚えようと苦労していました。最初はリコグニションのレベルで良かったんだ。知りませんでした。

でも、一度の学習で完全に記憶に定着させることができないのなら、徐々にレベルを上げていく方が効率がいいと思わない？

思います！　どんなにがんばって時間をかけても、一度では覚えられないんですもんね。

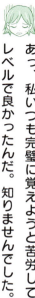

そう。だから、**完璧に覚えようとするよりも、反復しながら徐々に記憶を定着させていくことが大切**なんだ。

覚え方にもコツがあるんですね。

三番目の「リコール」は「欠陥製品の回収」や「公務員の罷免」の意味のように、いろいろな意味で使われることがあるけれど、ここでは「再生する」という意味なんだ。選択肢が与えられていなくても、自分で思い出すことができるという高いレベルの記憶のことなんだ。

英単語なら、その言葉を聞いたら、すぐに意味もスペルも発音も、正確に答えられるというレベル。学習するときには、このレベルが目標になる。

「ラヴ」と言われたら、「愛」「love」って、すぐに出てくるっていう記憶のことですよね。そこまで覚えていることって、そんなにたくさんはないかもしれないと思います。

試験で必要な知識はたいていはこのリコールの段階なんだ。もちろん、選択肢があれば、リコグニションでも正解を導くことはできるけれど、リコグニションの段階の記憶を反復学習によってリコールの段階に引き上げるというのが、基本的な記憶の仕方なんだよ。

高校生の頃、記述式問題が苦手だったけど、それはリコールの段階まで記憶していなかったからなんですね。納得。

最後の「オートマティック」は「自動的」という意味で、思い出そうとしなくても、自然に浮かんでくるさらに高いレベルの記憶のこと。たとえば、自分の名前や、家族の名前は考えなくても、すぐに浮かんでくるよね。いつも使っている言葉とか知識というのは、自然にこのオートマティックな記憶になっているんだ。スマホの使い方などは、最初はマニュアルを見たとしても、次第に思い出しながら何度かやってるうちに自然に手が動くようになるよね。これもオートマティック。

すごくレベルが高そうな気がしますが、今のスマホの話を聞くと、自然にそうなる場合もあるなって気がしますね。

そう。私はこのオートマティックレベルになることを「習熟」と言っているけど、学習する上ではこのオートマティックがもっとも重要になるんだ。

もちろん、通常の知識は先ほどのリコールで十分で、英語の単語などはリコールレベルまで記憶していれば、なんの問題もない。でも、その知識を使って考えなくてはいけないこと、受験勉強なら、数学の公式のようなものは、オートマティックでないと、素早く問題が解けない。複雑な数学問題などを解く場合、いくつもの公式を使わなければいけないから、その一つひとつを思い出している時間は当然ないだろ？

はい。でもそう考えると、日常会話で使っている日本語も、オートマティックですね。ときおり、簡単な日本語を思い出せないことってありますけど。

うん、そうだね。もう一つ、オートマティックの例を挙げようか。

日本語における論理とは言葉の一定の規則に従った使い方だったね。**「イコールの関係」「対立関係」「因果関係」などの規則はオートマティックのレベルで習熟していないと、真の意味で論理力がついたとは言えない**よ。

これらもオートマティックですか。さっきのスマホの使い方じゃないですけど、ホントに何度も繰り返さないとダメなんでしょうね。

記憶するには分散学習

でも、さっきも言ったように、すべてをオートマティックにする必要はないんだ。問題はどのレベルの記憶が必要かということ。

はい。数学の公式などあれば、オートマティック。日本史の人物名、事件名ならリコールでいいんですよね。私の場合、今までそんな区別もしないで、がむしゃらに頭から覚えようとしていましたからとても心強い話です。

なまじ完璧に覚えてしまうと、それを記憶したつもりになって、反復しないだろ？

その通りです。私、それ「知っている」って。でも、本当はそれ「知っていた」だったんですよね。

それがわかっただけでも、すごい進歩だよ。多くの知識はリコールのレベルでいいわけだから。問題は、いかに効率よくリコールまで記憶を持っていくかということなんだ。

わかりました。私が覚えるのが苦手なのは、完璧に覚えようとして、がむしゃらに頭に詰め込もうとしてたからで、それで安心して反復しないから、どの記憶もリコグニションの記憶ばかりなっていたんですね。

そうだと思うよ。でも、そのリコグニションのレベルをどうすれば、リコールのレベルまで引き上げられると思う？

それならもう私だって分かりますよ。何度も反復すること。忘却曲線からだって、明らかです。

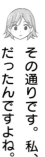

その通り。では、応用編といくか。

えっ、そんなのがあるんですか！

何度も反復すれば忘却しなくなるんだけど、その**反復学習は「集中学習」と「分散学習」と、大きく二つに分けることができる**んだ。

え〜、知りませんでした。

集中学習というのは、同じことを一度に時間をかけて集中的に学習する方法、分散学習は同じことを時間をあけてから、もう一度学習するというもの。

先生、どちらが効果的なんですか？

もちろん分散学習さ。一度、学習したことでも、二〇分たったら四割、一時間で半分以上記憶が薄れるという話は忘却曲線のときに出てきたよね。それは、脳の海馬と側頭葉の働きと関係しているとも説明したはずだ。だから、側頭葉の記憶が薄れかけた頃に反復する。そして、さらに四回、五回と反復することで記憶を定着させていくんだ。

先生、そのこと、前にも話してくれてますよね……。あれっ？　こうやって何度も重要なことを教えてくれるって、ひょっとしてこれも反復学習ですか？

よくわかったね。でも、こうして大事なことを繰り返せば、忘れないだろ？　私が受験生だった頃の勉強法は、とにかく詰め込みが主流だったから。英単語を覚えるなら、一つの単語をノートに五〇回から一〇〇回書く。それで、一日に一〇〇個の単語を覚える、そんな勉強法だった。それだけ集中してやれば、確かにその場は覚えるかもしれない。でも、一週間、一カ月したら、どれだけ覚えているかといったら忘却曲線が示すように本当に半分以下なんだ。

同じような経験、私も何度もしました。「とにかく集中してやれ」と言われたけれど、それほど覚えられなかった気がします。やはり集中学習は効果がなかったんだ！

集中して学習したものは、すぐ完全に忘れてしまうわけではなく、ファミリアのレベルにはあるんだ。中にはリコグニションの段階のものもあるかもしれない。でも、知識として使えるリコールのレベルにあるものは、一週間したら、三分の一も残らなくなってしまう。

だから、しっかり覚えたい、知識として身につけたいと思ったら、やはり、集中学習は効率が悪いということになる。まあ、一夜漬けで、明日の朝まで覚えていればいいというなら、別かもしれないけどね。

一夜漬けですか。学校のテストはそればっかりでしたけど（笑）。

一夜漬けの場合は、時間的に集中学習しかないのかもしれないけれど、それでも、忘却曲線によれば、二四時間後には四分の三を忘れているのだから、やはり問題がないわけではない。たぶん、リコグニションのレベルにはあっても、リコールの記憶は少ないはずだから、すぐに忘れてしまう。本当なら夜覚えたことを、朝もう一度ざっとでいいから見直す、そうしたら結果が全然違ってくる。

翌朝、覚えた内容を復習することで、リコールのレベルに近づくんですよね。

レム睡眠が記憶を定着させる

翌朝もう一度見直すだけでも、一夜漬けの効果が上がると言ったけど、実はそれは睡眠と記憶の関係がいろいろな研究でわかってきたからなんだ。アメリカの心理学者Ｊ・Ｇ・ジェンキンスとＫ・Ｍ・ダレンバックは、学習後に睡眠をとった場合と、とらなかった場合の記憶の違いの研究をしているし、ハーバード大学のロバート・スティックゴールド博士は、学習したその日に六時間以上の睡眠をとらないと、記憶として定着しにくいという研究結果を発表している。

はあ～、寝ないとダメなんですか？　よく試験の前日なんて、徹夜で勉強してそのまま行きました。寝ると忘れちゃいそうな気がして。逆だったんですね！

そうだね。試験の前の日は寝ずに勉強して、学校から帰ってきて寝る、そしてまた朝まで勉強する……。そんな勉強の仕方は、実は、とても効率の悪いやり方なんだ。

私も徹夜明けの朝の試験で、「あれっ、これ、昨日の夜覚えたアレよね!?」の「アレ」が思い出せないことがよくありました。

それは、きっと学習したことが記憶として定着していないからだね。

そうか！　ただ覚えるだけでなく、それを記憶として定着させる工夫が必要なんですね。

うん。それには記憶に関する睡眠の効果を知っておく必要があるんだ。

睡眠も記憶に深い関係があるだなんて、まったく知りませんでした。

そうだろうね。睡眠が記憶にとって大切で、深く関係している理由として、二つのことが考えられる。

一つは「**干渉**」。記憶を定着させるには、睡眠も含めて、一定の時間や期間にわたる脳の活動が必要なんだけど、そのあいだに何かの妨害が入ると、記憶がうまくいかない。睡眠中は、外部から情報が入らず遮断されている状態になっているから、干渉が起こらず、学習したことが定着しやすいと考えられているんだ。

たしかに。寝ているあいだは、邪魔されないもの。経験から言っても、納得できます。もう一つの理由はなんですか？

それは**脳の活動の問題**だよ。人間の睡眠には周期があって、「ノンレム睡眠」と「レム睡眠」を交互に繰り返している。「ノンレム睡眠」を経て「レム睡眠」に入るまでの時間はおよそ九〇分。これを睡眠単位と呼んでいる。

う〜ん、ちょっと専門的な言葉ですね。先生、もう少しわかるように教えてください。

そうだね。ノンレム睡眠が深い眠りで、レム睡眠は浅い眠りと考えればいいよ。

あっ、それならわかります。

ノンレム睡眠は体も脳も休んでいる状態で、レム睡眠は体は休んでいるけれども脳は活動している状態。このレム睡眠と記憶が深く関係しているといわれているんだ。レム睡眠のときに記憶を定着させているのかもしれないね。

たしかに。レム睡眠って、脳は働いているわけですよね。それならば、昼間に覚えたことを一生懸命整理しているのかしら。そう言えば、しっかり寝ないと、ノンレム睡眠とレム睡眠を繰り返す質のいい眠りにならないって聞いたことがあります。

フラフラになって、倒れるように寝たときは、いきなり深い眠りであるノンレム睡眠になって、目覚める直前にレム睡眠になる、と言われているんだ。そうした**ノンレム睡眠とレム睡眠を繰り返さない眠りだと、記憶が定着しない**のかもしれないね。

だから、よく六時間以上眠らなければいけないっていうんですね。

睡眠と記憶との関係を考えると、**「一度目の学習では完全に記憶しようとせずにリコールの状態にして、睡眠をはさんで、同じ内容を反復学習する」**というのが、**もっとも効率的で、効果的なやり方**になるんだ。

「寝る子は育つ」って、勉強にも言えるのね。

いいことというね。それと、もう一つ眠りをはさむ理由があるんだ。考えてみれば、眠るということは時間を空けるということでもある。ハルカちゃん、記憶したばかりのものをもう一度繰り返せば、その効果はどうだった?

はい。あまり効果はありません。「エビングハウスの忘却曲線」でも学習しました。すでに覚えているものを繰り返したところであまり意味がなく、忘れかけたところで反復するのが効果的だって。

だいぶ、分かってきたね。眠っているあいだには、記憶が定着すると同時に、忘れてしまうこともあるはずだよね。だから、それを、朝起きてからもう一度学習し直す反復、分散学習が、もっとも効果的な学習法になるんだ。つまり**「学習した内容を側頭葉が忘れかけるまで十分時間を空け、睡眠をはさんで再度学習する分散学習こそ、最適な学習法」**ということだったね。

それって、たしかに理にかなっていますよね。でも、それならさっき先生が言ったように、一夜漬けでも翌朝もう一度見直せば効果が上がるってこと？

そうだけど、僕は一夜漬けを勧めているわけではないよ。もし、どうしても一夜漬けをしなければならないなら、という話だから、そこは覚えておいてね。

メタ記憶によりモニタリングとコントロールを行う

「ファミリア」「リコグニション」「リコール」「オートマティック」の他に、実は**「メタ記憶」**というものがあるんだ。

メタ記憶……ですか？

「メタ」とは「上位の」「超」という意味の接頭語で、認知心理学の世界で注目されている言葉なんだ。「超自我」という言葉も盛んに使われるようになったけど、要するに、自分自身をもっと高い位置から客観的に見るということ。

たとえば野球の世界でも、選手自身がどんなフォームで打撃や投球をしているか自分自身ではなかなか把握できない。そこで、自分のフォームをビデオで撮影してチェックをする。

なるほど。

このビデオで撮影した自分の映像を見ている自分自身、高い次元で観察する自分自身が「メタ」の自分と言える。
ただし、自分自身を客観的に認識するには自分の肉体だけでは限界があり、ビデオなどの装置が必要になってくる。

たしかにビデオで自分の姿を見たとき、私の頭の中にある自分とはかなり違っている気がします。私の脳裏にある姿と、他人の目に映っている自分とではこんなに違うんだって。

じつは記憶に関してもまったく同じことが言えるんだ。私たちは何をどの程度記憶しているかを自分で客観的に知ることはできない。だから、ビデオや鏡といった装置を使って絶えず自分自身の記憶を管理しなければいけない。これが「メタ記憶」なんだよ。
つまり**「メタ記憶」とは自分の記憶を自分自身で管理する作業**といっていい。

そうはいいますけど先生。運動ならビデオを使えば自分自身を見ることができるけど、記憶の場合はどうすればいいんですか？

そこで重要なのが**「モニタリング」**なんだ。

効率よく効果的に学習して記憶するためには、自分がどの程度覚えているかをチェックしながら反復することが大切になる。

ある英単語を勉強して、自分では知っている、覚えていると思っていても、時間が経つにつれて記憶は薄れていって、いつの間にかファミリアのレベルになっているかもしれないよね。

そこで、自分の記憶がどのレベルにあるかをいつも監視していなければならない。これがモニタリングなんだ。

覚えているか、チェックするっていうことなのかな？

そうだね。**覚えているはず、覚えているだろうといった主観的な判断ではなくて、より高次元な「メタ記憶」で客観的に判断をすることが記憶にとっては大切**なんだ。

たとえば、「work（仕事）」という単語をあるときに記憶したとしたら、「work」は前に勉強したから覚えているはずと思い込むのではなくて、きちんとリコールのレベルにあるか確認する。

自分ではリコールのつもりでも、リコグニションになっているってこともあるものね。

そう。だから、モニタリングして、**忘れてしまった記憶は反復することで、「覚えている」状態に戻さなければならない**。これが**「コントロール」**。**記憶というのは、モニタリングとコントロールを繰り返すことで強化され、知識として定着していくもの**なんだ。

スケジュールによって効率的に記憶する

モニタリングとコントロールの二つが大切ということは、計画的に覚えていかなければいけないってことなんだ！

うん、モニタリングとコントロールによって、記憶レベルの現状を正確に把握したら、次に目標レベルを設定し、**スケジューリング（学習計画）**を立てていく。

なんでもただがむしゃらに、無計画にやっても、効果は上がらず非効率になってしまうだけだよ。だから、スケジュールをつくって、効率のいい学習をしなければならない。

う〜ん、今まで何も考えずに、ただ覚えていました。だから、うまく覚えられないし、すぐに忘れてしまったんだ。

スケジューリングに関して、具体的に説明しようか。

スケジューリング……って、むずかしそうですよね。うっかりして何度ダブル・ブッキングしちゃったことか。

えっ、それはハルカちゃんのプライベートの話？　でも今日はよく大丈夫だったね（笑）。

そりゃそうです！　自分の人生がかかってるんですから。

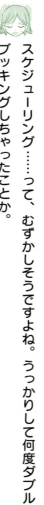

なるほど。そしたらまず、目標までの期間がどれくらいか、それを明確にすることだね。

あっ、はい！

忘却曲線で分かったように、記憶に関しては**「期間」**が重要になってくる。仮に、生涯必要な知識ならば、オートマティックのレベルまで持っていかなければならない。

一夜漬けなのか、一年後の試験なのか、生涯必要な知識なのかで、記憶の仕方は異なってくるということですね。

そうだ。それと学習内容が「暗記系」「英語系」「論理系」「ビジネススキル系」のどれなのかによっても当然スケジューリングが異なってくる。

それはきっと「暗記系」ならば「リコグニション」か「リコール」、「論理系」ならば「オートマティック」ってことですよね？　先生、私、何となくわかってきました。

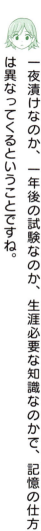

いい調子だ。あと、このスケジューリングをする上で大切なのは、**自分の意志は信用しないこと**。

はい。それ何となくですけどわかります。今まで自分を信用して、何度も失敗してきました。

ハルカちゃんは、意外と正直だね。

う〜ん……。自分の意志が当てにならないのは、イヤというくらいわかってます。私って、なんて意志の弱い人間なんだろうって……。

そんなハルカちゃんのために、その計画が順調かどうかの判断は、自分を超える、より高い次元である「メタ記憶」でする必要があるんだ。そして、そのスケジュールをもとに、モニタリングとコントロールを繰り返していく。

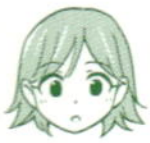

先生、モニタリングって、具体的に自分でテストをするってことですか？

うん、自分でいろいろ工夫してみるといいよ。たとえば、英語だったら、単語帳の意味の部分を隠して、覚えているか試してみるとか、そのやり方は何でもいいんだ。モニタリングによって自分がどれほど記憶しているかをテストし、その結果を受けて計画を修正する。

そうやって自分の記憶をコントロールしていくことが重要なんだ。では、物忘れの激しいハルカちゃんのために、もう少し具体的に説明しよう。

「物忘れの激しい」は、余計ですよ。

記憶を定着するためのスケジュール

記憶には反復学習が大事だとこれまで何度も言ってきたけど、肝心なのは、**その反復をいつするか、そのタイミングなんだ。**

先生、それです！　それが知りたかったんです。だって、覚えてすぐに繰り返しても無駄だし、ファミリアの状態になったら手遅れだもの。

ではここで、もっとも効果的なスケジューリングについて考えてみよう。

「エビングハウスの忘却曲線」によれば、人間の記憶は二〇分後には四二パーセントを忘れ、一時間後には五六パーセントを忘れていたね。そうすると、二度目の学習は時間を置かずにやった方が効果的だということになる。

スケジューリングの観点から見ても、あれは実に理にかなった記憶定着法だということになるんだ。

一度目の学習は、丸暗記ではなく、理解することを考える。

二度目の学習は一時間以内に行う。

これが**確実に、しかも効率よく覚えるためのスケジューリングの第一鉄則**となる。

最初は理解することを意識して、一時間以内に復習すればいいってことですね。

わかりやすい例として、英単語を覚える場合で考えてみよう。毎日、一時間で一〇〇個の英単語を覚えていくとする。

わぁ〜、そんなの無理ですよ。

これはあくまでたとえばの話だよ。集中学習の詰め込み式の勉強法だと、一時間の暗記が終わったら、覚えたものだと見なして、それで終わりだけれど、実は覚えた瞬間から記憶は薄れてきている。

それって、何だか切ないですね。

そこで、一時間後に、本当に覚えたかチェックをする。これがモニタリングなんだ。そこで記憶できていないものは反復学習をする。覚えてすぐだから、たぶん、そんなに時間はかからないはずだな。

はい、わかりました。覚え終わったら、すぐにチェックするという感じですね。

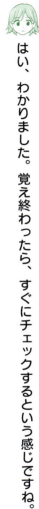

うん。モニタリングそのものも、もう一度見直しているのだから、反復の効果が十分にある。モニタリングは何も覚えていないものを発見するだけではなく、チェックすることで、覚えていたものも記憶が強化されるわけだから、忘れにくくなる。

なるほど！　そうして、覚えていなかったものだけを覚え直すのがコントロールでしょ？　これならできそうです。

その通り。そして、二日目は、初日にやった一〇〇個をまた反復する。これが三度目の学習になるのだから、たぶん、一〇分ぐらいで終わるはずだ。その上で、新しい一〇〇個を覚え、一時間後にチェックをする。

単にこれを繰り返していけばいいだけだ。

先生、ちょっと待ってください！

おや、ハルカちゃん、いきなり目をつり上げて、どうしたの？

先生、それって、無茶です。だって、それを毎日繰り返していったら、二日目が復習一〇〇個と、新しく覚えるのが一〇〇個で、合計二〇〇個も。三日目は……。これだと覚える量と記憶する時間がどんどん増えていきます！

それなら心配いらないよ。一度記憶したものを一時間以内で復習するのが二回目。翌日の反復は三回目ということになるよ。

あっ、そうか！　三回目なら、確か一回目の一〇パーセント以下の労力でも大丈夫ってことでしたよね。

そこなんだよ。要は面倒くさがらずに、ちょっと見直すことをしたかどうかなんだ。

よく分かりました。今まで苦労して、時間をかけて覚えたものを、忘れないようにするのであれば、次の日にちょっと見直すという手間をかければよかったってことですよね。

そうなんだよ。それに記憶を定着させるには、四、五回学習すればいいと言われているから、四度目の学習は日を置いても大丈夫だよ。そうだな、一週間後くらいが効果的かもしれない。

ちょっと一息ってわけですね。

うん。たとえば月曜日から始めたとしたら、日曜日に月曜から水曜日までに覚えたことをモニタリングして、復習する。

そして、次の水曜か木曜あたりに、前の週の木曜から日曜日の分をモニタリング、復習する。そんなサイクルでいいんじゃないかな。

そうすると、日曜と木曜は学習量が増えるかもしれないけれど、その日以外は前日の復習とその日の学習だけでいい。

それに、一週間後のチェックは四度目なのだから、量は多いといってもそんなに時間はかからないはずだよね。

なるほど！　どんどん楽になっていくんですね。ちょっと聞いただけだと、す

記憶を定着させるためのスケジューリング

☆ 英単語を100個覚える場合 ☆

1回目 英単語を100個覚える

↓ 1時間後

モニタリング

2回目 記憶をチェックし、**理解できていないものだけ**反復学習！

↓ 翌日

コントロール

3回目 1回目にやったこと**すべて**反復学習！

↓ 1週間後

モニタリング

4回目 記憶をチェックし、**覚えていないものだけ**反復学習する！

3回目では、2回目のモニタリングで記憶のレベルが上がっているので、**1回目より大幅に時間短縮できる**

さらに新しい100個の単語を覚える場合は、3回目の学習時に新しい100個の学習を行い、その1時間後にモニタリング、翌日にコントロール、1週間後にモニタリング……と繰り返していく

ごい大変そうに思えるけど、これなら意外と苦にはならないかもしれません。

今話したのは、あくまでも暗記というか覚えるということだけを考えてのことだから、実際には、もっと楽になるはずだ。

その日に覚える一〇〇個の中にはすでに知っているもの、覚えているものもあるだろうし、文章を読んだり、問題を解いたりという勉強の中で、自然に復習していることだってあるかもしれないからね。

ターゲットレベルと警戒レベル

先生、すぐに覚えられるものと、なかなか覚えられないものってありますよね。それはどうすればいいんですか？

人間って、不思議なもので、**どんな人でも、覚えやすいものと、どうやっても覚えられ**

ないものとがあるものなんだ。

そうそれ、それなんですよ。

どうしても覚えられないものは、無理に覚えようとしなくてもいいよ。ただどんなものでも反復すれば必ず覚えることができるから、それが本当に必要な知識ならば、紙にでも書いて机の前に張っておくといい。

そんなことをしたら、私の机の周り、張り紙だらけになってしまいます。

ははは、心配しなくても、すぐに覚えられるから、そうしたら剥がせばいいだけだ。だけど、覚えることよりも、その記憶を定着させることの方が大切だから、モニタリングとコントロールは欠かさないようにしてほしいな。

はい、いつもチェックしなければいけないんですね……。

そのときに、「ターゲットレベル」と「警戒レベル」を設定しておくといいよ。

それって、どういうことですか？

ターゲットレベルは、どこまで記憶できていればいいかという目標なんだ。

たとえば数学の公式なら、前に話した記憶の段階でいうとオートマティック（自動的）のレベルが目標ということになるが、普通はリコール（再生する）をターゲットレベルにすれば十分なんだ。

じゃあ、警戒レベルとはどういうこと？

警戒レベルは、これ以上忘れてしまうと、目標であるリコールに引き上げるのがむずかしいというレベルのことだよ。たいていは、いくつかの中からなら記憶したものを選べるリコグニション（見分ける）の段階になると警戒レベルと言えるんだ。

なんとなく知っているというファミリア（親近感）のレベルまで落ちてしまったら、またリコールまでもっていくには、一からやり直すのに近い学習が必要になってしまうので、リコグニションのレベルに落ちているものは、すぐそのときにもう一度リコールに戻さなくてはならない。

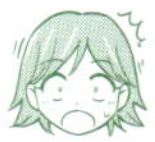

先生はたしか、前に最初の学習は理解することが大切で、記憶はリコグニションでいいって。

うん。でも、一度目に理解してリコグニションのレベルで覚えたことは、時間を置かずに二度目の学習、復習をして、翌日にはまた反復するのが一番効果的な記憶術だったよね。だから、**最初からリコールを目指すのではなく、その二度目、三度目の学習でリコールにする**。その方がずっと効率的なんだ。

なぜなら、**二度目、三度目は、最初の覚えたときのわずか二、三割の労力しかいらないし、反復によって次第に記憶が定着していくから**だ。それも忘却曲線でよくわかったと思う。

なるほど……。

でも、ターゲットレベルのリコールにある記憶も、ずっとそのままというわけではない。使わないで、反復学習しなければいつかリコグニションになってしまうかもしれない。だから、ときどきモニタリングして、警戒レベルに落ちていないか、チェックしなければいけないということなんだ。

このモニタリングとコントロールを一年間程度行えば、自然とその単語はオートマティックの段階になって、そう簡単には忘れなくなるはずだ。

一年間ですか……。でも私、ここまで来たならがんばります。

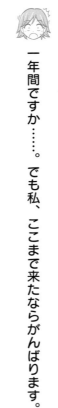

第4章のポイント

- 記憶するには「分散学習」が効果的。同じことを時間をあけてから学習することで記憶が定着する。
- 夜覚えたことを、翌朝見直すだけで失いかけた記憶が復活する。
- 学習した日は六時間以上の睡眠をとらないと記憶が定着しにくい。
- 覚えているか客観的に判断し、どこまで記憶しているのかモニタリングすることで、記憶を強化することができる。
- スケジュールをもとに、モニタリングとコントロールを繰り返すことで、記憶を管理する。

第5章

資格試験・受験に強くなる記憶術

コーヒー
いれるね
ミルク1つに…
砂糖5個
だったよね
いや
ブラックが
いいかな
その人には
糖尿病に
気をつけるよう
言ってあげてね

最強テクニック1

一〇〇倍の効率化「三位一体学習法」

最終章は、これまで学習したことを使って、具体的にどのような記憶の仕方をするのかを説明する、まさに総仕上げの章と言えるでしょう。

語学関係の記憶術から、入学試験や資格試験の記憶術、そして論理系の記憶術など、役に立つ情報を惜しみなく紹介していきます。

もうハルカ自身勉強が楽しくて仕方がなくなっているはずです。なぜなら、最小の努力で、最大の効果を上げることができるとわかったからです。

あなたも人生を変える『最強！』の記憶術を本章で完成できることでしょう。


ここからは、今まで話してきた記憶術と論理力を活用し、大きな成果を得るための学習法について説明していくことにしよう。

ぜひ、お願いします！　先生の話は、私にはどれも新鮮で、とっても勉強にな

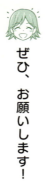

りました。より具体的な学習法を教えてもらえるとなると、本当にうれしいです。

「一を聞いて十を知る」という言葉があるよね。これまで話してきた記憶術は、詰め込み式の記憶術と比べたら、まさに一〇倍速になる記憶術なんだ。その記憶術と論理力を組み合わせれば、学習はさらに効率的になり速くなる。過去の非効率な勉強法と比べたら、十の二乗、一〇〇倍くらい効率的になるはずだよ。

ホントですか！　でも、先生、ちょっと大げさすぎやしませんか？

まあ、派手な言い方のほうがハルカちゃんもやる気が出ると思ってね。でも、「一を聞いて十を知る」のだから、一〇倍でもまるっきり嘘ではないよ。それくらい記憶の仕方によって学習効率というのはまるで違ってくるんだ。

確かに、今までの説明を聞いていたら、納得できます。

記憶で最も大切なのは、最初に覚えるときだったよね。二回目、三回目は二、三割の労力で一年後の記憶量は倍増していくからね。

はい。しっかりと理解できました。

それは良かった。その肝心な最初の記憶は無理に覚えようとしないで、論理的に理解したり、体系的に整理したりすればいいということだったね。

なるほど！　一番大変な最初の記憶は理解することで自然に頭に入るから、それほど苦労はいらないということですね。後は、記憶を定着できるように反復するだけ。意外と、楽チンかも。

論理的に物事を理解して、その上で必要なものを記憶する、その記憶したものを使って論理的に考える、つまりは、前にも話した

理解（論理）→記憶→思考（論理）→記憶の血肉化（定着）→表現（論理）
→記憶の強化

といったサイクルができあがると、論理力と記憶力が相乗効果を上げるというわけなんだ。

ここでは記憶と論理力の二つを上手に活用することがポイントなんですね。

そうだね。ただ**覚えるだけという勉強法は、やはり効率が良くない。論理と記憶をフル活用してこそ、一〇〇倍速が可能になる。**一日の時間は決まっていて、仕事もプライベートも忙しい。それに学習の効果を上げるためには眠ることも大切だ。そうなると、学習のための時間は限られてくる。つまり、**効率のいい勉強をした人が勝利していく。**

ホントそうですね。私なんて、これまで効率の悪い勉強の仕方をしてきたから、すごく損してきたなって思います。

でも、これから一〇〇倍速で勉強をして、今までの遅れを取り返せばいい。この学習法によって先をいく同僚たちにもあっという間に追いつけるよ。

先生は、その気にさせるのが上手ですね～。でも、おかげさまで、私、やる気になりました。

鉄は熱いうちに打てだからね。

はい！

でも、もう一つ、注意したいことがある。**記憶に対する一番のコツは、記憶しないことだ。**

ええっ!?　どうしてそうなるの？

だって興味のあることは自然に頭に入るし、論理的に物事を考えれば、知識は自ずと整理された状態で頭に入ってくる。逆に、どうでもいい知識は最初から覚える気がないんだ。

そうか！　覚えなければ、忘れなくて済みますもんね。

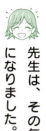

うん、それが記憶する上での一番のコツだよ。覚えた限りは、責任を持って反復して定着させる。その気がないなら端《はな》から覚えようとしないのさ。

先生、それって、確かに理にかなってますね。

受験生によくあることなんだが、学校の教科書の他に何冊も参考書を買って、あれもこれも手を出そうとする人がいるね。

それ、まさに受験生の頃の私です。

これからそれは止めた方がいい。なぜなら、限られた時間の中では、そんなに何冊ものテキストや参考書をしっかりと読み込むことなんてできない。結局、どれも中途半端に終わってしまうケースが多いんだ。

私も大学受験のとき、教科書だけだと不安で、参考書をいろいろ買って、結局どれも最後まで読みませんでした……。

それは失敗する典型的な学習パターンだよ。だから、受験生には**「学校の教科書でも予備校のテキストでも自分で選んだ参考書でもいいから、一冊をバイブルにして、徹底的にそれを読み込め」**と教えている。

はい。記憶を定着させるために、五回くらいは反復するんですよね。確かに何冊もの参考書をそれだけは読み込めませんしね。

それに、必要な知識、どうしても覚えなければいけないことというのは、どのテキスト、参考書でもたいてい共通している。もちろん、こっちのテキストにはあって、もう一つにはないといったこともあるかもしれない。逆に言うと、それは重要なこと、絶対に覚えておいた方がいいことではないという証拠でもある。必要不可欠な知識であれば、どのテキストにだって書いてあるはずだからね。

覚えるものは最低限にまで絞り込めっていうアドバイスですね。

おっ、のみ込みが早いな。そして、大切なのは、**バイブルである一冊を複合的に活用す**

ることだ。

複合的に、ですか……。どうやればいいんでしょう？

よし、それではとっておきの秘伝を教えよう。

えっ！　秘伝ですか？　私、秘伝とか必殺技とか大好きなんですよ！

まあまあ、落ち着いて。それは次のような方法だよ。

① 理解→記憶→実践

② テキスト→ノート→問題集

③ 予習→講義→復習

なんだ。それって、秘伝というより、常識的なことみたい。

たしかに、一見当たり前に思うような学習法だね。でも、よく考えてみれば、これほど理にかなった学習法はないことがわかるはずだよ。

えっ！　そうなんですか？　でも、中学とか高校の頃に言われた勉強法とあまり変わらないような気もするんだけれど……。

そう感じるかもしれないな。でも、重要なのは、何も考えずにこうした勉強法をするのではなくて、その意味を理解してするということなんだ。なぜこの学習が必要なのか、どういう効果があるのかわかってやれば、積極さや真剣さが変わってくる。

それはそうだと思いますけど……。

それでは、まず①を説明しようか。テキストを理解しながら、何度も読む。これが**「理解」**だね。そして、読んで覚えた知識を、「エビングハウスの忘却曲線」に基づいた反復法で復習をくり返して、高い記憶のレベル、リコールまで持っていく。これが**「記憶」**なんだ。最後に覚えたことを実践練習して、知識を血肉化する。これが**「実践」**だ。

実践練習というのは、たとえば問題集をやったり、文章を自分で書いてみたりということですか？

そうだ。②は①を教材の観点から説明したものだ。

これはという一冊を徹底的に読んで理解して**（テキスト）**、その中の要点や記憶しなければいけないことを、自分なりにノートにまとめる**（ノート）**。

この段階で、知識は整理して理解され、反復されることで記憶のレベルも高まるよね。

そして、練習問題をやることで、さらに反復になる**（問題集）**。

すると、関連する知識も身について、雪ダルマ式に覚えられるということになる。

③はすでに説明したように、予習で自分の頭で考え、講義でそれを理解、整理する。そして、復習で反復学習というわけだ。

そうか！　先生、ただ、やるだけではないんですね。確かに考えてみたら、理解したり、実践したりするときには、記憶と論理を一緒に活用しなければ効果的になんてできないわ。

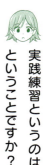

「理解・記憶・実践」の三位一体学習法

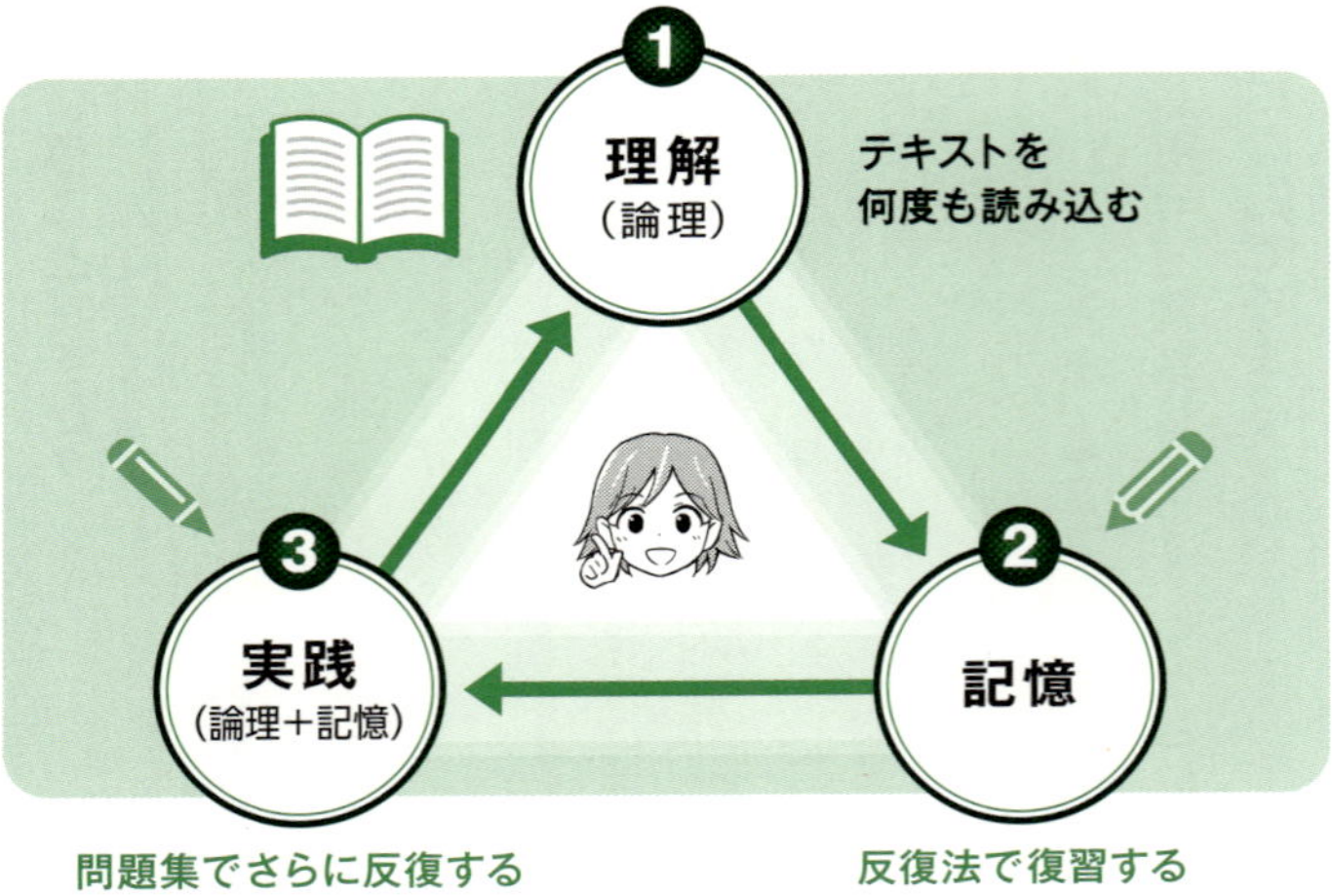

その通りだよ。この**理解、記憶、実践という三つの要素をしっかりやって相乗効果が生まれれば、本当にものすごく効率的に学習できるようになるはず**だよ。

私はこれを**「三位一体学習法」**と呼んでいる。

では、次に分野別の記憶法について説明しよう。

最強テクニック 2 暗記系の勉強法

まず「暗記系の勉強法」についてだ。

先生、前に棒暗記は良くないって。

確かに棒暗記は良くないよ。でも、物事には理屈抜きに覚えなければいけないものもあるんだ。「基礎知識」「基本的な記憶事項」を知っていなければ、その先は何も学習することができないよね。

はい。英単語をまるで知らずに、英文を読むことなんてできません。

だとしたら、覚えなくてはいけないものはさっさと覚えてしまうこと。ただし、棒暗記ではなく、英単語なら文章の中で覚えるとか、理科や社会なら因果関係で整理するとか、ビジネス用語などは実際の使い方と共に頭に入れるとか、何らかの方法で論理と関連づける必要がある。
そして、覚えた知識は自分で管理すること。

その場合は、前に先生が英単語を例に説明してくれた反復学習や、モニタリング、スケジューリングをきちんとすればいいんですね。

うん。繰り返しになるかもしれないけれど、その効果的なやり方をもう一度、簡単に説明しよう。

①記憶事項を確実にものにする。そのために、文章の中で覚える、因果関係を理解するなど、論理力を駆使する。

②記憶事項は雪ダルマ式に増えていくが、理解することを目的とした一度目の学習では完全に記憶しようとするのではなく、リコグニションレベルをまず目標とする。

③反復学習によって、リコールレベルまで持っていく。

④モニタリングで警戒レベルまで記憶が落ちていた場合は、間を置かずに反復学習

してリコールレベルに戻し、それを維持する。
⑤ 記憶したものを使って文章を読んだり、考えて、知識を血肉化する。

最強テクニック3 単語集などの具体的な記憶術

暗記しなければいけないものの代表といったら、何度も例に挙げてきたように英単語だけど、覚えるのには単語集をよく使うよね。ハルカちゃんは使ったことがある？

はい。今まさにＴＯＥＩＣ®の勉強で使ってます。

単語集の類は英語に限らず、資格試験や大学の受験以外でも利用することがあるから、それについて触れておくことにしよう。

まずは自分にあった単語集を一冊選ぶことから始めなければならないね。ハルカちゃんは、単語集をどうやって決めた？

えっ？　本屋に行って、何となく表紙のかわいいのを選んじゃいましたけど……。

ははは、それは失格だね。**どの単語集がいいかというよりも、自分の記憶レベルにあったものを選ぶべきだよ。**

あっ、そうか。一人ひとり自分にふさわしい単語集って、違うんですね。でも、それをどうやって選ぶんですか？

どのページでもいいから、さっと開いてみて、一ページに乗っている単語、たとえば一〇個だったら、そのうちいくつ知っているかをチェックしてみること。そして、そのうち半分以上見たことのない単語が並んでいるようなら、その単語集を買ってはいけないよ。

えっ、知らない単語を覚えるのが目的なのに、どうしてダメなんですか？

普通はそう思うよね。でも、初めて見る単語ばかりを覚えるのはかなりの苦痛を覚えるから、それだけで長続きしないこともある。

私、そういうのばかり選んでました。私の使っている単語集は、頻度順ですから「最重要」は何とかなりましたけど、「重要」になると知らない単語ばかりで、そこで挫折しました。

そうだろうね。ハルカちゃん、「最重要」では見たことがある単語がかなり並んでいたんじゃない？

はい。半分くらいはどこかで見たことがありました。今考えると「リコール」レベルが半分と、「リコグニション」レベルが半分って、感じだったと思います。

おっ、だいぶ脳科学用語が身についてきたね。

こういった言葉を使うと不思議と頭が良くなった気がします。

うん、それが専門用語の利点だね。それはともかく、まったく知らない単語ばかりが並んでいる単語集は、その人には不向きだということ。せめて「リコグニション」が半分以上ないと頭には入らない。

うんうん。

逆に、一ページに並んでいる単語の半分が「リコール」で、残りの半分が「リコグニション」ならばかなり楽だ。半分だけを覚えたらいいわけだし、その半分もどこかで見たことがあるから、反復するだけでどんどん頭に入っていく。その中で、一つか二つ初めて見る単語があっても、それが逆に意識されるから、自然と頭の中に入っていくもんなんだ。

あ、それわかります。逆に、「重要」になったら知らない単語ばかりだから、頑張っても頭に入りませんでした。先生、そんなときはどうしたらいいの？

一〇個のうち半分以上見たことがない単語が並んでいた場合、まずはその単語集は脇に置いて、その他のＴＯＥＩＣ®のテキストなど、勉強したことのあるものをもう一度読み直したらいい。

ええっ？　単語集をほったらかすの？

急がば回れ、っていうだろ。まずは自分がバイブルとしているテキストをもう一度読み返すことの方が大事だよ。

それは読み直すだけでいいんですか？

うん。過去に勉強したことのあるテキスト、あるいはそれと同じレベルのものなら、出てくる単語の多くは、一度、覚えたことがあるはずだからね。そういうのは、時間の経過と共に忘れてしまっているだけなんだ。だから、まず未知の単語を記憶するのではなく、いったん覚え、そして忘却した単語をきちんと思い出すことから始めるべきだね。

でも、ファミリアの段階どころか、完全に忘れているかもしれません。

そんなことはないよ。中学から英語は勉強しているわけだから、むずかしい単語、滅多に使わない単語は別として、基本的に必要な単語は一度は目にしているだろうし、ある程度は覚えているはずなんだ。逆に一度も見たことのない単語なら、それは覚える必要のない頻度の少ない単語ということ。

そうか。覚えなければならないものは、ぎりぎりまで絞り込むことが鉄則でしたね。

だから、思い出すというか、**新しい単語を覚えるよりも、一度見た単語を覚え直す方が先決**なんだ。

さらに、一度学習したバイブルテキストを二、三度繰り返し読むと、面白いように英単語やイディオムが頭に入ってくるから試してごらん。

たしかに忘却曲線によると、四、五回繰り返せば記憶できるものね。そのためにも、一冊バイブルとなるテキストをつくっておく必要があるんですね。かなりいいこと聞けました。

その通りだよ。その学習をしてから、もう一度、先ほどの単語集を見直すと、多分載っている単語の七、八割以上はリコグニション、つまり、どこかで見たことがあるものになっているはずだよ。

そうか！　それなら私にもできそうです。

その単語集は手元において繰り返し眺めよう。無理に覚えようとするのではなく、何度も反復するという覚え方の方がずっと効果的なんだ。

それって、いわゆる「分散学習」ですよね？

うん。そうするうちに単語を自然に覚えるし、記憶のレベルも上がっていく。

たしかに今まで無理に覚えようとしていたから、英語が嫌いになってたんだ。

大切なのは**無理をしないこと**。ＴＯＥＩＣ®のテキストを繰り返し読むことで、最低限の単語力をまず身につける。もちろん、文章の中で単語を記憶するのだから、より効果的だね。大切な単語をマーカーで塗りながら読むのもいい。

先生、大切な順、あるいは、記憶のレベル別にマーカーの色を塗り分けてもいいんですか？

もちろん。ただ、あまりやり過ぎると、マーカーだらけになってしまうけどね。

でも、そうやって自分だけのテキストをつくっていくと、愛着が湧いてきて、これだけは絶対に記憶しようという気になります。

それはいいね。そうやって、一ページに一〇個の単語があるとして、そのうち半分がリコールレベル、二個か三個がリコグニションレベル、このくらいにしたあと、その単語集を効果的に使っていけばいい。

まったく知らない単語を覚えるわけではなかったんですね。これって、私にと

っては、とっても画期的なことです。

それは良かった。今説明したようにあくまで**反復の方が大切**なんだ。

最強テクニック4 記憶したものは使ってみること

次のステップに行こうか。今度は何でもいいから、英文を読んでみること。すると、テキストで勉強し直し、単語集で反復学習した単語が次々と出てきて、英文がスラスラと理解できるようになっているはずだ。つまり、いったん単語集で覚えたものを、今度は英文の中に返してやる作業が次の段階でやること。この作業がまた反復にもなる。

もし知らない単語が出てきても、他の単語がわかれば、その意味を文脈から推察できるから、何とかなるものだ。そして、その未知の単語も雪ダルマ式に理解し増えていける。

単語集で覚えたものは文章の中で確認することで生きた知識となって血肉化するし、そうした確実な知識があるから英文を読み、考えることができるようになるんだよ。

なるほど。こういう単語集の使い方って、知っているようで知らないですよね。

それではここで、単語や文法など、覚えなくてはいけない「基礎知識」「基本的な記憶事項」の学習術をおさらいしよう。

たとえばネットやＴＶ番組などでテキストを使って英語の授業を受けているとしたら、

① 予習 → 授業 → 復習 → 実際のテストと、反復学習の中で、使っているテキストを徹底的に自分のものにすること。

② 単語集やノートなどを利用して、必要な知識を確定し、それを反復学習で徹底的に覚え込む。このとき、モニタリングやコントロールで、自分の記憶量を絶えず管理すること。

③ 新しい英文を先に読むことで、すでに記憶している単語などを生きた文章の中で確認すると同時に、未知の単語を文脈で捉え、読解力を鍛える。必要であるならば、そこで登場した単語はその段階でリコグニションレベルになるので、それも反復して雪ダルマ式に単語量を増やしていく。

④ 試験直前で、最後にもう一度単語集などを確認し、記憶量を一〇〇パーセント近

くに持っていく。

このような一連のスケジュールで学習すること。必要な知識さえあれば、後は英文を論理的に読んでいけばいいだけなんだ。

はい！　とっても勉強になりました。

最強テクニック5　オートマティックレベルの記憶術

ここまでは「リコール」レベルの記憶術だったね。今度はオートマティックレベルの記憶法について説明しよう。

はい、お願いします。

たとえば、ご飯を食べるとき、箸の持ち方は意識しないよね。

もちろん。日本人ですから。

でも、外国人で初めて箸を持つ人は、どうやって箸を使うのか、意識するよね。

きっと最初は苦労すると思います。

うん。毎日毎日箸を使っているうちに、いつの間にか無意識に使いこなせるようになる。
それが「オートマティック」だ。

先生、自転車に乗るときも同じですよね。初めて二輪車に乗るときは怖くて、どうやってこげばいいんだろうと悩むけど、慣れれば何も考えずにすいすい運転することができます。

それこそまさにオートマティック、もしくは習熟、あるいはこの場合は身体化といってもいいね。そしてそれはスポーツだって同じことだよ。野球でもサッカーでも、試合になると無意識に体が動かないと、その選手は使いものにならない。そのために厳しい練習を積み重ねているんだ。

先生、オートマティックな記憶って、どんなものがあるんですか？

たとえば英会話の場合なら、朝起きて、「今何時だろう」と思うとき、日本語の使い方なんて考えないね。自然と言葉が脳裏に浮かんでくるはず。それはこれまでの例と同じだよ。

確かにオートマティックでないと、会話なんてできません。

逆に言うと、英会話なんて、学問でも何でもないんだ。アメリカに行ったら、子どもでも英語を喋っているんだから。ただ日本人が英会話に苦労するのは、国内では習熟する環境があまりないからなんだ。

そっか。日本の中では英語なんて使う必要がないですもんね。

うん。だから、本気で英語を話したいと思うなら、留学するか、絶えず英語の音に触れる環境を自分でつくり出すしかない。

納得です。先生、他には？

数学や物理の公式や解法もそうかな。単なる知識ではなく、考えるときの核となるものは知っているかどうかではなく、それを使ってどう問題を解決するかだからオートマティックレベルである必要があるんだろうね。

論理などは特にその典型だね。

それって論理もオートマティックじゃないとってことですか？

もちろんだよ。論理を習得するむずかしさはそこにあるんだ。論理とは、基本的にはたった三つの規則に従った言葉の使い方だったけど、それができないのはそれをオートマティックのレベルまで持っていけないからだ。

論理を本当に身体化できたら、会話力、読解力、思考法、記憶法、文章力など、すべてが圧倒的にアップするし、オートマティックになるためには、日常の中で、ただ論理的に話し、論理的に考え、論理的に読み、論理的に書けばいい。

う～ん、そう言われると、論理って、簡単なような、逆にむずかしいような……。

だけど、論理をオートマティックレベルにできたら、それは**一生使える強力な武器**ってことだから、ぜひマスターしてほしいな。記憶に関しては非常に大切になってくるんだ。

えっ。武器なら私手に入れます！　先生、それって恋愛にも使えますか？

……ハルカちゃんは、わかりやすいね。

最強テクニック6

俯瞰的視点を持て

前に知識の軸となるものは確実に記憶しなければならないと説明したね。

はい、覚えています。

多くの知識は体系的なものだから、個別に覚えるのは、あまり効率が良くない。

たとえば歴史もそうだし、経済や政治、文化など、みんな一つの事柄にいろいろな事柄が深くつながっている。それを別々に覚えるのは非効率だし、使える知識、生きた知識にはならない。

じゃあ、まとめて一緒に覚えるんですか？　かえって大変そうに感じるんですが……。

いや、そうでもないよ。なぜなら、まず軸になる知識、つまり、骨格となるものだけを大づかみに記憶すればいい。

あっ！　段・周・奏・漢って、先生が以前教えてくれたヤツですね。

そう、**細かい知識はとりあえず後回しにして、軸になるものを記憶するか、全体を俯瞰してしまうんだ。細かい事項は後から自然に増えていく**からね。

それって、英単語をaから順番に覚えていくのをしないってことでもありますよね。

そうだね、本当に大切なことは覚えようとはせずに、理解し、整理していく方がいい。そうやって全体を俯瞰することで、細かい知識も頭に入りやすくなるし、今自分がどの部分を記憶しているのかも理解ができる。あと何をどのくらい記憶しなければならないかもはっきりとする。

先生、たとえば歴史とかビジネス関係のものとかは、マンガで読むのはダメで

すか？

マンガは十分に利用できると思うな。なぜなら、マンガだとたいていは一冊で全体をつかめてしまうので、まさに俯瞰するには効果的だね。

ただし、マンガはあくまで俯瞰するために効果的なだけだから、何かんでもマンガを読めば大丈夫ってことではないよ。

はい、わかっています。その後に、本できちんと勉強すればいいのね。

最強テクニック 7 核を作る雪ダルマ記憶術

軸になるものをしっかりと理解して、次に全体を俯瞰する。物事はたいていさまざまな知識が関連づけられているから、そうやって勉強していくうちに、自然と別の知識が入ってくるもんだよ。しかも、核になることを理解して読んでいけば、その周辺の事柄も次第に理解でき、記憶事項が増えていく。つまり、**一つの事柄の周りに、いろいろな事柄がつながって、絡み合って、どんどん知識が膨らんでいく**というわけだよ。

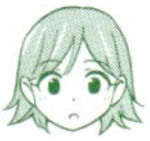

なんだか雪ダルマみたいですね。最初に小さい玉をつくって、雪の上を転がしてどんどん大きくしていくのに似てるわ。

私もこのやり方を**「雪ダルマ式記憶術」**と呼んでいるんだ。

たとえば、ハルカちゃんの会社の歴史について勉強しているとしよう。その核に、会社のロングセラーアイテムである「フレアスカート」を置くとする。

その場合、まずその商品のアイテムが誕生した時代背景を調べるよね。これで、その時代がどういう世相だったかや流行の流れなども、知識として入ってくる。さらになぜ売れ続けたのかを調べると、その後の日本の風俗状況について知ることもできる。価格の変遷を調べれば経済や景気の動向についての知識も身につくはずだね。

なるほど。自社のアイテムにかかわっていることが次々と出てきて、フレアスカートのことを勉強しているつもりが、日本の文化や経済、それに他の国のこ

雪ダルマ式記憶術

テキストの全体像をつかんで、
まず**「核」となる事柄**を理解する

↓

テキストを繰り返し何度も読み込む

↓

「核」の**周辺の事柄も**自然に理解できるようになる

↓

「核」の周辺の事柄が記憶に定着する

↓

「核」の**周辺の周辺の事柄も**自然に理解できるようになる

↓

「核」の周辺の周辺の事柄が記憶に定着する

↓

記憶が雪ダルマ式に膨らんでいく！

記憶の雪ダルマを転がすと……

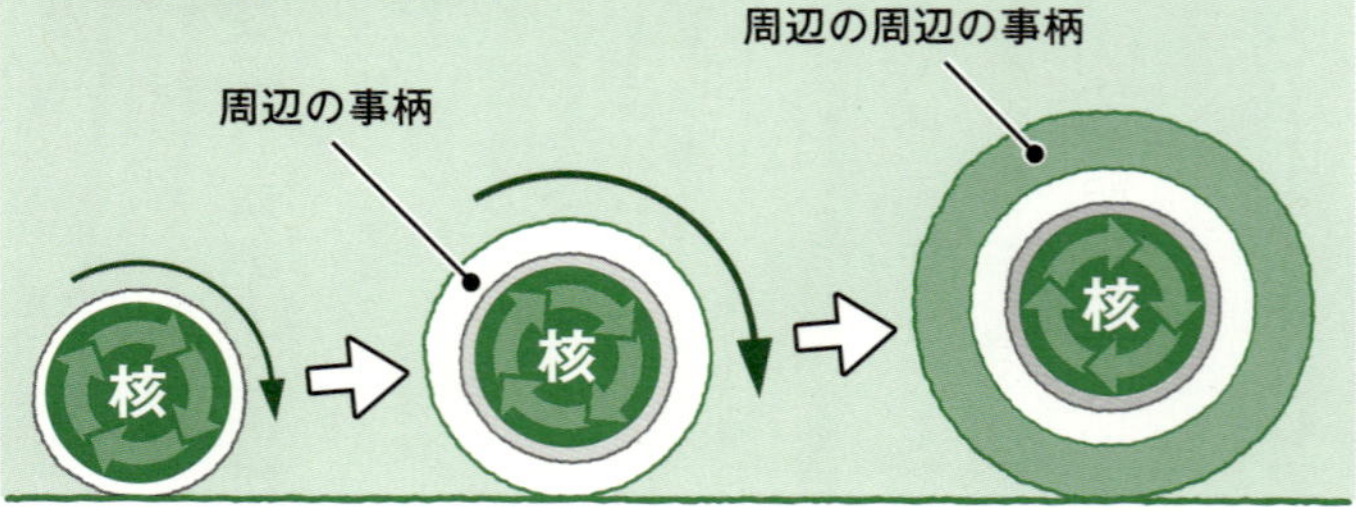

となども頭に入ってくるってわけですね。

そういうことだね。もっと細かい知識が必要になる場合もあるけれど、それらは、核になることに関連したことなのだから、まず核を理解していれば、細かいことを理解するのも覚えるのも、そんなに大変ではないよ。逆に言えば、細かい知識というのは、核がわかっていなければ理解できないし、覚えられないといってもいい。

この雪ダルマ式はすごく面白そうですね。このやり方なら、知らないうちにどんどん知識が増えていくし、いろいろなことを覚えていくのなら勉強も苦痛じゃなくなる気がします。

うん。前にも説明したけど、**学ぶということは本当は面白いもの**なんだ。覚えることも同じだよ。でも、理解すること、知識として使うことを無視して、ただ詰め込むということばかりが強調され、つまらない、辛いだけのことのように思われてしまっただけなんだ。

はい。納得です。この雪ダルマ式記憶術なら、いろいろなことが覚えられそう。

ハルカちゃんも、気づかないうちにこれまでに雪ダルマをつくっていたはずだよ。自分の好きなこと、興味のあることは、嫌だと思わないで、本を読んだり、ネットで調べたりして、どんどん知識が増えていっただろう？　それこそが、雪ダルマ式なんだ。

あっ、自分の好きなことでは無意識にやっていたんですね。それをいろいろなこと、これから勉強するときや、覚えるときにも、意識してやればいいんですね。

そう。ハルカちゃん、ずいぶんわかってきたね。

最強テクニック 8　物語記憶術

先生って、毎月のように本を書いているのですね？

そうだね。多いときにはひと月に二、三冊は執筆するかな。

それって、全部調べて書くのですか？　それとも先生の頭の中に全部あるのですか？　それならどうやって覚えたのかしら？

基本的には自分の頭の中にないものは本には書けないから、ときには確認のために調べることはあるけど、やはり記憶しているものを本にしていると言えるかなあ。

それって、すごい記憶力ですね。まだ記憶の奥義を隠しているのじゃないですか？

別にそんなことはないよ。僕はどちらかというと、記憶力がない方だし、すぐに忘れてしまう。だから、覚えないようにしているんだ。

先生、それって、矛盾しています。現に、記憶しているものがたくさんあるから、毎月本を出すことができるんでしょ。

う～ん、何て説明したらいいんだろう。僕は記憶力がないから、覚えようとしないんだ。

その代わり興味のあるもの、関心を抱いたものに関しては、本を読んで、それについて考える。そして、そのことを頭の中で整理して、誰かに物語るんだ。

えっ!? 物語るですか？

ああ、もし、まだハルカちゃんに教えていない奥義があるとしたら、この**「物語記憶術」**があったな。

物語記憶術って？

この名前は今思いついたんだけど、僕が本を書けるのは、いつも物語ることが仕事だからなんだ。**物語るとは、他者に向かって筋道を立てて語ること。**

昔、予備校で教えていた頃は、毎日毎日多くの受験生に物語っていたんだ。誰もが分かるように、大切なことを絞り込み、論理的に説明していたわけだ。

そっか！ 分かりました。知らない人に説明するためには、論理的に理解し、

論理的に整理できなければならないから、先生は自然と大切なことが頭の中で整理された形で記憶されていったってことですよね。

たしかに今振り返れば、その通りだと思う。僕はいつだって自分の興味のあることを語ってきたし、それを受験生に語るときは当然誰もが理解できるように頭の中で整理していた。

言われてみるとそれって、一番効率のいい覚え方だったのかもね。それに同じ内容をいろいろなクラスで繰り返し話したのだから、それが反復学習にもなっていた。

それに絶えず実践していたから、知識がしだいに血肉化していったというわけですね。でも、先生、今はあまり予備校では教えていないのでしょ？

うん。でも、長年講義をしてきたから、きっとそのような頭の使い方が自然とできるようになったのだと思う。それに、講義の代わりに、毎日本を書いている。本を書くことも、見知らぬ誰かに、自分の興味のあること、知っていることを物語っていることに変わりはないからね。

なるほど。私も誰かに物語ったらいいのね。

物語記憶術。意外と効果的かもしれないね。第一、覚えようとする努力がいらない。

先生、私にも物語る相手を紹介してください。え～と、イケメンで、背が高くて、頭が良くて、お金持ちで、性格が良くて、優しくて、まじめで、浮気もせず、私だけを大事にしてくれる人。ついでに長男でないといいなぁ……。

……そんな人、どこを探してもめったにいないんじゃないかな（笑）。

ま、仕方がないから当面は教育係として、新人の子たちが仕事を楽しく覚えられるように物語りながら頑張ります！

先生、本当にありがとうございました。

第5章のポイント

- 論理と記憶をフル活用することで、学習効果は一〇〇倍に加速する。

- 一冊をバイブルとして何度も徹底的に読み込むこと。

- 「理解→記憶→実践」は学習の鉄則。練習問題で「実践」することで相乗効果が生まれ、記憶レベルがアップする。

- 一番重要なところを覚えると、その周辺の事柄も理解できて記憶が絡み合い、雪ダルマ式に知識が膨らんでいく。

- 覚えようとせず、理解したことを、筋道を立てて人に物語ることで、大切なことが脳の中で整理されて記憶される。

おわりに

「最強の記憶術」によって記憶力をアップさせたみなさんは、ビジネスや勉強の現場で何よりも頼りになる「武器」を手に入れることができたはずです。

論理力を鍛えて、脳科学に基づいた反復を行う。

読者の中には、この「最強の記憶術」があまりにも簡単で、まだ半信半疑の方もいらっしゃるかもしれません。

「論理力を鍛えれば、記憶力が向上するなんて……」

そう思っている方もいるでしょう。でもこの記憶術の恩恵に最もあずかっているのは、実は私自身なのです。

私はこれまで三〇年以上、予備校の講師として受験生に現代文と小論文を指導してきました。その中で、論理力とリンクさせることで記憶力が大幅に向上することに気づきました。

論理力が身につけば、それまで理解できずに覚えられなかったことも知識として
どんどん覚えることができるようになります。
記憶力が向上すると、知識が増え、それにともなって理解力が向上し、論理力も
さらに鍛えられていくのです。
論理力と記憶力は車の両輪。
つまり、どちらか一つ欠けてもダメなのです。繰り返しになりますが、記憶力を
高めるポイントは論理力とリンクさせるだけです。
しかし、「最強の記憶術」を習熟することがゴールではありません。
記憶術とは、あくまでもあなたの夢や目標を実現させるための「武器」にすぎま
せん。ただし、それは人生における最強の武器となるでしょう。
最後に、本書があなたの人生を、少しでも成功させるきっかけとなることを願っ
ています。

出口　汪

■ 著者紹介

出口 汪（でぐち・ひろし）

1955年東京生まれ。関西学院大学大学院文学研究科博士課程修了。広島女学院大学客員教授、論理文章能力検定理事、東進衛星予備校講師、出版社「水王舎」取締役。現代文講師として、予備校の大教室が満員となり、受験参考書がベストセラーになるほど圧倒的な支持を得ている。また「論理力」を養成する画期的なプログラム「論理エンジン」を開発、多くの学校に採用されている。著書に『出口の好きになる現代文』『出口のシステム現代文』『出口先生の頭がよくなる漢字』シリーズ『子どもの頭がグンと良くなる！国語の力』（以上、水王舎）、『出口汪の新日本語トレーニング』『出口汪の日本語論理トレーニング』シリーズ（小学館）、『東大現代文で思考力を鍛える』（大和書房）、『出口汪の「日本の名作」が面白いほどわかる』（講談社）、『マンガでやさしくわかる論理思考』（日本能率協会マネジメントセンター）、『やりなおし高校国語・教科書で論理力・読解力を鍛える』（筑摩書房）など。小説に『水月』（講談社）がある。

■ 公式ブログ
「一日生きることは、一日進歩することでありたい」
http://ameblo.jp/deguchihiroshi/

■ オフィシャルサイト
http://www.deguchi-hiroshi.com/

■ ツイッター　@deguchihiroshi

出口汪の「最強！」の記憶術

2015年5月10日　第一刷発行
2015年5月20日　第二刷発行

著　者　出口 汪
発行人　出口 汪
発行所　株式会社 水王舎
〒160-0023
東京都新宿区西新宿6-15-1
ラ・トゥール新宿511
電話　03-5909-8920

印刷所　歩プロセス
製　本　ナショナル製本
イラスト　ソウ
ブックデザイン　村橋雅之
校　正　鳥海美江（バード・ワーク）
編集担当　原田奈月
編集協力　芦田隆介

落丁、乱丁本はお取り替えいたします。

ISBN978-4-86470-021-4　C0030